국민연금공단

필기시험 모의고사

[6급갑 전산직]

제 1 회		
	영 역	직업기초능력평가, 종합직무지식평가
	문항수	60문항, 50문항
	시 간	60분, 50분
	비 고	객관식 4지선다형, 객관식 5지선다형

SEOWONGAK
(주)서원각

제 1 회 기출동형 모의고사

문항수 : 110문항
시 간 : 110분

직업기초능력평가(60문항/60분)

1. 다음 회의록에 밑줄 친 단어의 한자표기가 올바르지 않은 것은?

㉠ 인사팀 회의록

회의일시	2020년 ○월 △일 14:00~15:30	회의장소	대회의실(예약)
참석자	팀장, 남 과장, 허 대리, 김 대리, 이 사원, 명 사원		
회의안건	- 직원 ㉡ 교육훈련 시스템 점검 및 성과 평가 - 차기 교육 프로그램 운영 방향 논의		
진행결과 및 협조 요청	〈총평〉 • 1사분기에는 지난해보다 학습목표시간을 상향 ㉢ 조정(직급별 10~20시간)하였음에도 평균 학습시간을 초과하여 달성하는 등 상시학습문화가 정착됨 - 1인당 평균 학습시간 : 지난해 4사분기 22시간 → 올해 1사분기 35시간 • 다만, 고직급자와 계약직은 학습 실적이 목표에 ㉣ 미달하였는바, 앞으로 학습 진도에 대하여 사전 통보하는 등 학습목표 달성을 적극 지원할 필요가 있음 - 고직급자 : 목표 30시간, 실적 25시간, 계약직 : 목표 40시간, 실적 34시간 〈운영방향〉 • 전 직원 일체감 형성을 위한 비전공유와 '매출 증대, 비용 절감' 구현을 위한 핵심과제 등 주요사업 시책교육 추진 • 직원이 가치창출의 원천이라는 인식하에 생애주기에 맞는 직급별 직무역량교육 의무화를 통해 인적자본 육성 강화 • 자기주도적 상시학습문화 정착에 기여한 학습관리시스템을 현실에 맞게 개선하고, 조직 간 인사교류를 확대		

① 人事　② 教育
③ 調停　④ 未達

2. 다음과 같이 작성된 건강검진 안내문을 참고할 때, 경리부 홍 대리가 직원들에게 안내하게 될 말로 적절하지 않은 것은 어느 것인가?

〈건강검진 실시안내〉

1. 실시예정일 : 2018년 10월 9일
2. 시간 : 오전 9시부터
3. 주의사항
   1) 검진 전날 저녁 9시 이후부터는 금식하여야 합니다. (커피, 담배, 껌, 우유, 물 등 삼가)
   2) 여성의 경우 생리 중에는 검진을 피하십시오.
4. 검진대상자 제출자료
   검진대상자는 사전에 배부해 드린 '건강검진표', '구강검사표', '문진표'를 작성하시고,
   기재된 인적사항이 사실과 상이할 경우 정정하시어 검사 3일 전까지 경리부로 제출 바랍니다.
5. 검진항목 안내
   1) 기초검사 : 신장, 체중, 시력, 청력, 혈압, 비만도 등 검사
   2) 혈액검사 : 당뇨, 당지혈증, 신장질환 등 검사
   3) 소변검사 : 당뇨, 신장질환 등 검사
   4) 구강검사 : 우식증, 결손치, 치주질환
   5) 심전도검사 : 심장질환 등 검사
   6) 흉부 방사선검사 : 폐결핵 및 기타 흉부질환 등 검사
   7) 부인과 검사 : 자궁경부암 등 검사(여성만 실시)
6. 별도검진 : 별도의 검진기관을 이용하거나 검진일 외의 기간에 검진 받으시는 분은 담당자에게 실시기관 문의 후 검진기관과 사전에 검진 시간을 협의하시기 바랍니다.

※ 담당자 : 경리부 대리 홍길동(내선 1234)

① "검진 전날 밤엔 물을 마시는 것도 삼가야 합니다."
② "생리 중인 여성은 경리부 담당자와 별도 검진일을 협의하셔야 합니다."
③ "검진 전 제출 자료를 모두 기재하여 경리부에 제출하셔야 합니다."
④ "별도의 검진기관을 이용할 경우, 사후 모든 사항을 경리부에 보고하셔야 합니다."

3. 다음은 정보공개 청구권자에 대한 자료이다. 이 자료에서 잘못 쓰여진 글자는 모두 몇 개인가?

> 정보공개 청구권자
>
> ○ 모든 국민
> - 미성년자, 재외국민, 수형인 등 포함
> - 미성년자에 의한 공개청구에 대하여 법률상 별도의 규정이 없으나, 일반적으로 미성년자는 사법상의 무능력자로서 단독으로는 완전한 법률행위가 불가능하다. 그러나 무능력자의 범위는 대체로 재산보호를 위해 설정된 것이며, 정보공개와 같은 성질의 행위는 다음과 같은 경우에는 가능하다고 본다.
>   - 중학생 이하 : 비용부담능력이 없기 때문에 단독으로 청구하는 것은 인정하지 않으며, 친권자 등 법정대시인에 의한 청구가 가능
>   - 고등학생 이상 : 공개제도의 취지, 내용 등에 대하여 충분히 이해가 가능하고 비용부담능력이 있다고 판단되므로 단독청구 가능
>
> ○ 법인
> - 사법상의 사단법인 · 재란법인, 공법상의 법인(자치단체 포함), 정부투기기관, 정부출연기관 등
> - 법인격 없는 단체나 기관 포함
>
> ○ 외국인
> - 국내에 일정한 주소를 두고 거주하는 자
> - 학술 · 연구를 위하여 일시적으로 체유하는 자
> - 국내에 사무소를 두고 있는 법인 또는 단체
>
> ※ 제외대상 : 외국거주자(개인, 법인), 국내 불법체류 외국인 등

① 1개 ② 2개
③ 3개 ④ 4개

4. 다음 글의 주제로 가장 적절한 것은?

> 뉴스는 언론이 현실을 '틀짓기[framing]' 하여 전달한 것이다. 여기서 틀 짓기란 일정한 선택과 배제의 원리에 따라 현실을 구성하는 것을 말한다. 그런데 수용자는 이러한 뉴스를 그대로 받아들이지는 않는다. 수용자는 수동적인 존재가 아닌 능동적인 행위자가 되어 언론이 전하는 뉴스의 의미를 재구성한다. 이렇게 재구성된 의미들을 바탕으로 여론이 만들어지고, 이것은 다시 뉴스 구성의 '틀[frame]'에 영향을 준다. 이를 뉴스 틀 짓기에 대한 수용자의 '다시 틀 짓기[reframing]'라고 한다. '다시 틀 짓기'가 가능한 이유는 수용자가 주체적인 의미 해석자로, 사회 속에서 사회와 상호 작용하는 존재이기 때문이다.
>
> 그렇다면 수용자의 주체적인 의미 해석은 어떻게 가능할까? 그것은 수용자가 외부 정보를 해석하는 인지 구조를 갖고 있기 때문이다. 인지 구조는 경험과 지식, 편향성 등으로 구성되는데, 뉴스 틀과 수용자의 인지 구조는 일치하기도 하고 갈등하기도 한다. 이 과정에서 수용자는 자신의 경험, 지식, 편향성 등에 따라 뉴스가 전달하는 의미를 재구성하게 된다. 수용자의 이러한 재구성, 즉 해석은 특정 화제에 대해 어떤 태도를 취할 것인가, 그 화제와 관련된 다른 화제나 행위자들을 어떻게 평가할 것인가 등을 결정하는 근거가 된다.
>
> 이렇게 특정 화제에 대한 수용자의 다양한 해석들은 수용자들이 사회 속에서 상호 작용하는 과정에서 여론의 형태로 나타난다. 여론은 사회적 차원에서 벌어지는 특정 화제에 대한 사회적 공방들과 개인적 차원에서의 대화, 논쟁들로 만들어지는 의견들을 모두 포괄한다. 이렇게 형성된 여론은 다시 뉴스 틀에 영향을 주며, 이에 따라 새로운 틀과 여론이 만들어진다. 새로운 틀이 만들어짐으로써 특정 화제에 대한 사회적 논의들은 후퇴하거나 발전할 수 있으며, 보다 다양해질 수 있다.
>
> 사회학자 갬슨은 뉴스와 뉴스 수용자의 관계를 주체와 객체의 고정된 관계가 아닌, 상호 작용을 바탕으로 하는 역동적인 관계로 보았다. 이러한 역동성은 수용자인 우리가 능동적인 행위자로 '다시 틀 짓기'를 할 때 가능하다. 그러므로 우리는 뉴스로 전해지는 내용들을 언제나 비판적으로 바라보고 능동적으로 해석해야 하며, 수용자의 해석에 따라 형성되는 여론에 대해서도 항상 관심을 가져야 한다.

① 언론의 '틀 짓기'는 현실을 왜곡하여 전달하기 때문에 비판받아야 한다.

② 뉴스 수용자는 여론을 형성하여 뉴스 구성의 '틀'에 영향을 주어야 한다.

③ 수용자들은 사회 속에서 상호 작용을 통해 자신의 인지 구조를 변화시켜야 한다.

④ 뉴스를 비판적으로 해석하고 여론에 관심을 갖는 수용자로서의 자세가 필요하다.

| 5~6 | 다음 글을 읽고 물음에 답하시오.

최근 국제 시장에서 원유(原油) 가격이 가파르게 오르면서 세계 경제를 크게 위협하고 있다. 기름 한 방울 나지 않는 나라에 살고 있는 우리로서는 매우 어려운 상황이 아닐 수 없다. 에너지 자원을 적극적으로 개발하고, 다른 한편으로는 에너지 절약을 생활화해서 이 어려움을 슬기롭게 극복해야만 한다.

다행히 우리는 1970년대 초부터 원자력 발전소 건설을 적극적으로 추진해 왔다. 그 결과 현재 원자력 발전소에서 생산하는 전력이 전체 전력 생산량의 약 40퍼센트를 차지하고 있다. 원자력을 주요 에너지 자원으로 활용함으로써 우리는 석유, 석탄, 가스와 같은 천연 자원에 대한 의존도를 어느 정도 낮출 수 있게 되었다.

그러나 그 정도로는 턱없이 부족하다. 전체 에너지 자원의 97퍼센트를 수입하는 우리는 절약을 생활화하지 않으면 안 된다. 많은 국민들은 아직도 '설마 전기가 어떻게 되랴.'하는 막연한 생각을 하면서 살고 있다. 한여름에도 찬 기운을 느낄 정도로 에어컨을 켜 놓은 곳도 많다. 이것은 지나친 에너지 낭비이다. 여름철 냉방(冷房) 온도를 1도만 높이면 약 2조 5천억 원의 건설비가 들어가는 원자로 1기를 덜 지어도 된다. ㉠<u>'절약이 곧 생산'</u>인 것이다.

에너지를 절약하는 방법에는 여러 가지가 있다. 가까운 거리는 걸어서 다니기, 승용차 대신 대중교통이나 자전거 이용하기, 에너지 절약형 가전제품 쓰기, 승용차 요일제 참여하기, 적정 냉·난방 온도 지키기, 사용하지 않는 가전제품의 플러그 뽑기 등이 모두 에너지를 절약하는 방법이다.
또, 에너지 절약 운동은 일회성으로 그쳐서는 안 된다. 그것은 반복적이고 지속적으로 실천해야만 할 과제이다. 국가적 어려움을 극복하기 위해서는 얼마간의 개인적 불편을 기꺼이 받아들이겠다는 마음가짐이 필요하다.

㉡<u>에너지 절약은 더 이상 선택 사항이 아니다.</u> 그것은 생존과 직결되므로 반드시 실천해야 할 사항이다. 고유가(高油價) 시대를 극복하기 위해서는 우리 모두 허리띠를 졸라매는 것 외에는 다른 방법이 없다. 당장 에어컨보다 선풍기를 사용해서 전기 절약을 생활화해 보자. 온 국민이 지혜를 모으고 에너지 절약에 적극적으로 동참한다면 우리는 이 어려움을 슬기롭게 극복할 수 있을 것이다.

5. ㉠에 담긴 의미로 적절한 것은?

① 절약을 하게 되면 생산이 감소한다.
② 절약으로 전력 생산량을 증가시킨다.
③ 절약은 절약일 뿐 생산과는 관련이 없다.
④ 절약하면 불필요한 생산을 하지 않아도 된다.

6. ㉡에 대한 반응으로 가장 적절한 것은?

① 새로운 에너지 개발은 불가능하다.
② 에너지 절약 제품이 더 비싸질 것이다.
③ 에너지가 풍부할 때 실컷 사용해야 한다.
④ 에너지 절약은 생존의 문제이므로 꼭 실천해야 한다.

7. 다음은 재해복구사업에 관한 내용이다. 이를 이해한 내용으로 옳지 않은 것은?

1. 목적 : 풍수해로 인한 수리시설 및 방조제를 신속히 복구하여 안전영농 실현
2. 근거법령 : 자연재해대책법 제46조(재해복구계획의 수립 · 시행)
3. 사업시행자
   - 복구계획 : 시장 · 군수 책임 하에 시행
     - 시 · 군관리 수리시설 : 시장 · 군수
     - 공사(公社)관리 수리시설 : 공사 사장
   - 하천, 도로, 수리시설, 농경지 복구를 2개 사업 이상 동시에 하여야 할 경우는 시장 · 군수가 주된 실시자를 지정하여 통합실시 가능
4. 재원 : 국고(70%), 지방비(30%)
   - 국고(70%) : 재해대책예비비(기획재정부) – 피해 발생시 소관부처로 긴급배정
   - 지방비(30%) : 지자체(시 · 도 및 시 · 군)별로 재해대책기금 자체 조성
5. 사업(지원) 대상 : 1개소의 피해액이 3천만 원 이상이고, 복구액이 5천만 원 이상인 경우 지원
6. 추진방향
   - 국자재원 부담능력을 고려, 기능복원 원칙을 유지
     - 기능복원사업 : 본래 기능을 유지할 수 있도록 현지여건에 맞추어 복원
     - 개선복구사업 : 피해 발생 원인을 근원적으로 해소하거나 피해 시설의 기능을 개선
   - 모든 사업은 가능한 당해 연도에 마무리 되도록 하고, 규모가 큰 시설은 다음 영농기 이전까지 복구 완료
   - 홍수량 배제능력이 부족한 저수지 등의 주요시설 복구는 개선복구를 원칙
   - 유실 · 매몰 피해 농경지가 대규모인 곳은 가능한 경지정리 사업과 병행하여 복구하고, 도로 및 하천과 농경지가 같은 피해를 입은 지역은 동시 시행계획을 수립하여 종합 개발 방식으로 복구(소관청별 사업비는 구분)
   - 행정절차는 간소화하고 복구공사를 선 착공

① 피해액이 3천만 원이고, 복구액이 4천만 원인 경우는 지원대상이 아니다.
② 하천과 농경지 복구의 2개 사업을 동시에 해야 되는 경우에는 통합실시가 가능하다.

③ 재원이 국고인 경우에는 기획재정부가 예산을 배정한다.

④ 국가재원 부담능력을 고려하여 예외 없이 모든 재해복구는 기능복원을 원칙으로 한다.

8. 다음 ㉠~㉣을 고쳐 쓰기 위한 방안으로 적절하지 않은 것은?

> 매년 장마철이면 한강에서 ㉠수만 마리의 물고기가 떼죽음을 당합니다. 공장폐수와 생활하수를 흘려보내는 시민들의 탓만은 아닙니다. ㉡그래서 자연은 더 이상 인간의 무분별한 파괴를 너그럽게 ㉢묵인해주지 않습니다. ㉣또한 장마로 인한 호우 피해의 복구 또한 제대로 이뤄지지 않고 있습니다. 우리 모두가 사태의 심각성을 깨닫고, 자연과 조화하는 삶의 태도를 지녀야 합니다.

① ㉠의 '마리'는 수를 세는 단위이므로 붙여 써야겠어.

② ㉡은 접속어의 사용이 잘못되어 문장의 연결이 어색해. '하지만'으로 고치는 게 좋겠어.

③ ㉢은 '모르는 체하고 하려는 대로 내버려 둠으로써 슬며시 인정함'이라는 뜻으로 단어의 사용이 잘못되었어.

④ ㉣은 글의 통일성을 저해하니 삭제해야겠어.

9. 다음 대화 중 주체 높임 표현이 쓰이지 않은 것은?

> 경미 : 원장 선생님께서는 어디 가셨나요?
> ㉠ 서윤 : 독감 때문에 병원에 가신다고 아까 나가셨어요.
> ㉡ 경미 : 맞다. 며칠 전부터 편찮으시다고 하셨지.
> ㉢ 서윤 : 연세가 많으셔서 더 힘드신가 봐요.
> ㉣ 경미 : 요즘은 약이 좋아져서 독감도 쉽게 낫는다고 하니 다행이지요.

① ㉠

② ㉡

③ ㉢

④ ㉣

10. 다음 글을 읽고 김 실장이 인도에의 진출을 반대한 이유로 가장 적절한 것은?

> 이 차장은 시장조사를 하다가 가구의 수와 가구의 생애주기 단계는 현재와 미래의 제품과 서비스 수요에 상당한 영향력을 발휘함을 알게 되었다. 2012년 전 세계의 가구당 평균 인원은 3.5명이다. 인도, 아시아 개도국, 북아프리카와 중동 등 평균 출생률이 높고 젊은 층의 인구가 많으며, 교육 수준이 낮은 지역은 가구당 평균 인원이 많다. 그리고 일반적으로 인구가 많은 수도권 부근이 그 외의 지역에 비해서 훨씬 더 많은 소비가 나타나고 있다는 것을 보았을 때, 향후 인구가 급속하게 늘어날 것으로 예상되는 인도시장에 빨리 진출해야 한다고 생각했다. 한편, 김 실장은 향후 전 세계적으로 두드러진 트렌드 중 하나인 자녀 없는 가구, 즉 19세 미만의 가족 구성원이 없는 가구의 수가 늘어난다는 사실을 알게 되었다. 자녀가 없는 소규모 가구로의 편중 현상은 휴양, 여행, 건강관리, 외식 등 재량 소비 증가의 주된 원인이 될 것이다. 10가구 중 9가구가 자녀가 있는 인도와 달리 2012년 기준 중국 가구의 53%가 자녀가 없고, 통계 자료에 따르면 2032년 그 비율은 63%에 달한다. 최근 몇 년 동안 중국 소비 시장에서 재량 소비가 빠르게 증가하고 있는 이유가 여기에 있는 것이다. 이 차장이 인도시장 선점을 제안했을 때, 김 실장은 고개를 저었다.

① 이 차장은 젊은 층의 소비행태를 간과하였다.

② 국내 시장을 선점하기 전에 해외시장 진출은 무모하다.

③ 인도의 중산층 가구의 급속한 부상을 고려하지 않은 전략이다.

④ 근로자 1인당 부양가족 수가 많아지면 저축을 하거나 재량 소비를 늘릴 여력이 없다.

11. 부서에서는 회식을 위해 ##식당을 선정했다. 다음은 ##식당의 메뉴판이고 총 참여 인원이 35명일 때, 120만 원의 예산으로 주문할 수 있는 저녁 메뉴가 될 수 없는 것은 어느 것인가?

식사류	설렁탕	7,000원	1인분
	낙지볶음	8,000원	
	비빔밥	6,500원	
안주류	삼겹살	10,000원	1인분
	골뱅이 무침	9,000원	2인분
	마른안주	11,000원	3인 기준
	과일안주	12,000원	3인 기준
주류	맥주	4,500원	1병
	소주	3,500원	1병

① 낙지볶음 30인분과 설렁탕 5인분, 삼겹살 55인분과 마른안주 10개, 맥주와 소주 각각 40병

② 식사류 1인분씩과 삼겹살 60인분, 맥주와 소주 각각 30병

③ 삼겹살 60인분과 마른안주, 과일안주 각각 12개, 맥주와 소주 각각 30병

④ 식사류 1인분씩과 삼겹살 60인분, 골뱅이 무침 10개와 맥주 50병

12. 다음은 A시에서 조성한 푸른 숲 공원 만족도 조사 결과와 관련 자료이다. 이를 바탕으로 A시에서 '시민들의 이용 행태' 개선을 위해 취할 수 있는 방법으로 가장 적절하지 않은 것을 고르면?

ㅁ A시 푸른 숲 공원 만족도 조사 결과

[질문 1] 푸른 숲 공원을 이용하는 것이 만족스럽습니까?

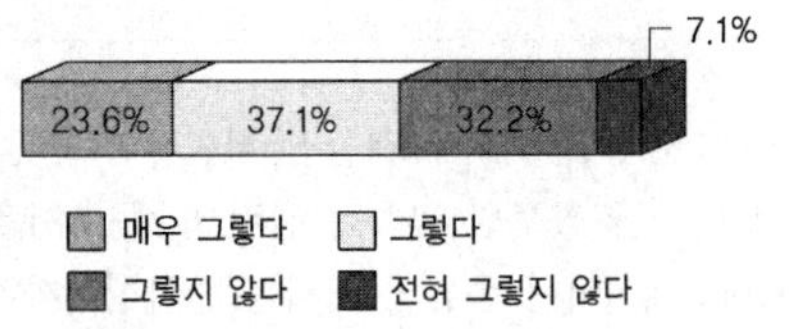

[질문 1-1] 만족스럽다면 어떤 이유 때문입니까?

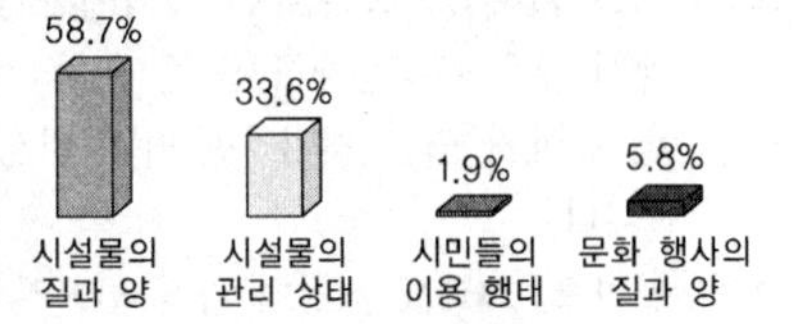

[질문 1-2] 만족스럽지 않다면 어떤 이유 때문입니까?

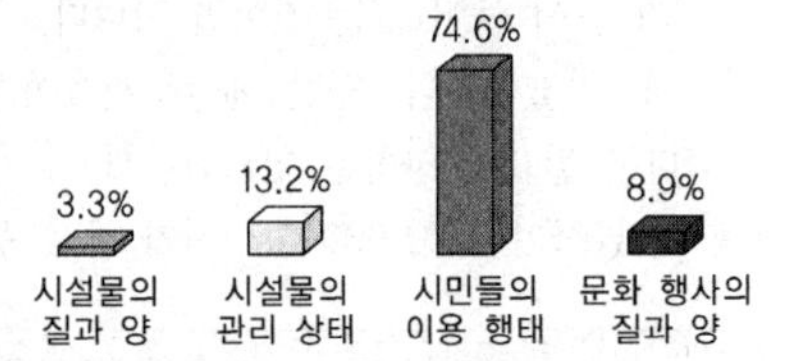

[질문 1-2-3] '시민들의 이용 행태' 중 우선적으로 개선해야 할 사항은 무엇입니까?

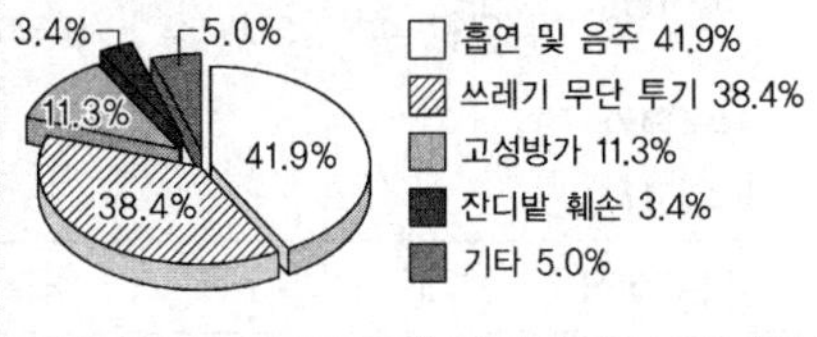

ㅁ 관련 자료

B시는 작년 1월부터 6개월 간 공원 내 금지 행위에 대한 집중 단속을 실시한 결과 전년도 같은 기간에 비해 공원 이용 무질서 행위가 30% 이상 줄어드는 효과를 얻었다. 또 단속 활동을 위한 경찰 순찰이 늘어나면서 시민들의 공원 이용이 더 안전해져 이에 대한 만족도도 높은 것으로 나타났다고 알려졌다.

① 공원 내 쓰레기통 주변에 쓰레기 무단 투기 감시를 위한 CCTV를 설치한다.

② 현재보다 다양한 운동시설의 종류를 확보하고, 1인당 이용할 수 있는 시설물을 늘린다.

③ 잔디밭에서 자전거를 타거나, 축구, 족구 등 잔디를 훼손할 수 있는 운동경기를 금지한다.

④ 늦은 시간에 허가 없이 시끄러운 음악을 틀어놓고 공연을 하거나 노래를 부르는 행위를 단속한다.

▌13~14▐ 다음 상황과 자료를 보고 물음에 답하시오.

도서출판 서원각에 근무하는 K씨는 고객으로부터 9급 건축직 공무원 추천도서를 요청받았다. K씨는 도서를 추천하기 위해 다음과 같은 9급 건축직 발행도서의 종류와 특성을 참고하였다.

K씨 : 감사합니다. 도서출판 서원각입니다.
고객 : 9급 공무원 건축직 관련 도서 추천을 좀 받고 싶습니다.
K씨 : 네, 어떤 종류의 도서를 원하십니까?
고객 : 저는 기본적으로 이론은 대학에서 전공을 했습니다. 그래서 많은 예상문제를 풀 수 있는 것이 좋습니다.
K씨 : 아. 문제가 많은 것이라면 딱 잘라서 말씀드리기가 어렵습니다.
고객 : 알아요. 그래도 적당히 가격도 그리 높지 않고 예상문제가 많이 들어 있는 것이면 됩니다.
K씨 : 네. 알겠습니다. 많은 예상문제풀이가 가능한 것 외에는 다른 필요한 사항은 없으십니까?
고객 : 가급적이면 20,000원 이하가 좋을 듯 합니다.

도서명	예상문제 문항 수	기출 문제 수	이론 유무	가격	재고
실력평가 모의고사	400	120	무	18,000	100
전공문제집	500	160	유	25,000	200
문제완성	600	40	무	20,000	300
합격선언	300	200	유	24,000	100

13. 다음 중 K씨가 고객의 요구에 맞는 도서를 추천해 주기 위해 가장 우선적으로 고려해야 하는 특성은 무엇인가?

① 기출문제 수　　② 이론 유무
③ 가격　　④ 예상문제 문항 수

14. 고객의 요구를 종합적으로 반영하였을 때 많은 문제와 가격을 맞춘 가장 적당한 도서는?

① 실력평가모의고사　　② 전공문제집
③ 문제완성　　④ 합격선언

15. 표는 A씨의 금융 상품별 투자 보유 비중 변화를 나타낸 것이다. ㈎에서 ㈏로 변경된 내용으로 옳은 설명을 고르면?

금융 상품		보유 비중(%) (가)	보유 비중(%) (나)
주식	○○(주)	30	20
주식	△△(주)	20	0
저축	보통예금	10	20
저축	정기적금	20	20
채권	국 · 공채	20	40

㉠ 직접금융 종류에 해당하는 상품 투자 보유 비중이 낮아졌다.
㉡ 수익성보다 안정성이 높은 상품 투자 보유 비중이 높아졌다.
㉢ 배당 수익을 받을 수 있는 자본 증권 투자 보유 비중이 높아졌다.
㉣ 일정 기간 동안 일정 금액을 예치하는 예금 보유 비중이 낮아졌다.

① ㉠㉡　　② ㉠㉢
③ ㉡㉢　　④ ㉡㉣

16. ○○은행에서 창구업무를 보던 도중 한 고객이 입금하려던 예금액 500만 원이 분실되었다. 경찰은 3명의 용의자 A, B, C를 검거하였다. 그러나 세 명의 용의자는 하나같이 자신이 범인이 아니라고 했지만 셋 중 하나가 범인임에 틀림없다. 세 사람이 각각 진술한 3개의 진술 중 하나의 진술은 참이고, 나머지는 거짓이다. 다음 중 범인과 참인 진술로 바르게 짝지어진 것은?

A의 진술
㉠ B가 범인이다.
㉡ 우리 집에는 사과가 많이 있다.
㉢ 나는 C를 몇 번 만난 적이 있다.
B의 진술
㉠ 내가 범인이다.
㉡ A의 두 번째 말은 거짓이다.
㉢ A와 C는 한 번도 만난 적이 없다.
C의 진술
㉠ A가 범인이다.
㉡ B의 두 번째 말은 진실이다.
㉢ 나는 A를 한 번도 만난 적이 없다.

① 범인은 C, 참인 진술은 A의 ㉢ - B의 ㉡
② 범인은 A, 참인 진술은 A의 ㉡ - C의 ㉠
③ 범인은 C, 참인 진술은 C의 ㉡ - B의 ㉢
④ 범인은 B, 참인 진술은 A의 ㉢ - C의 ㉢

17. T 음료회사는 신제품 출시를 위해 시제품 3개를 만들어 전 직원을 대상으로 블라인드 테스트를 진행한 후 기획팀에서 회의를 하기로 했다. 독창성, 대중성, 개인선호도 세 가지 영역에 총 15점 만점으로 진행된 테스트 결과가 다음과 같을 때, 기획팀 직원들의 발언으로 옳지 않은 것은?

	독창성	대중성	개인선호도	총점
시제품 A	5	2	3	10
시제품 B	4	4	4	12
시제품 C	2	5	5	12

① 우리 회사의 핵심가치 중 하나가 창의성 아닙니까? 저는 독창성 점수가 높은 A를 출시해야 한다고 생각합니다.

② 독창성이 높아질수록 총점이 낮아지는 것을 보지 못하십니까? 저는 그 의견에 반대합니다.

③ 무엇보다 현 시점에서 회사의 재정상황을 타개하기 위해서는 대중성을 고려하여 높은 이윤이 날 것으로 보이는 C를 출시해야 하지 않겠습니까?

④ 저도 대중성과 개인 선호도가 높은 C를 출시해야 한다고 생각합니다.

18. 다음 조건을 읽고 옳은 설명을 고르시오.

- 수학을 못하는 사람은 영어도 못한다.
- 국어를 못하는 사람은 미술도 못한다.
- 영어를 잘하는 사람은 미술도 잘한다.

A : 수학을 잘하는 사람은 영어를 잘한다.
B : 영어를 잘하는 사람은 국어를 잘한다.

① A만 옳다.

② B만 옳다.

③ A와 B 모두 옳다.

④ A와 B 모두 그르다.

19. 다음 〈상황〉과 〈조건〉을 근거로 판단할 때 옳은 것은?

〈상황〉

A대학교 보건소에서는 4월 1일(월)부터 한 달 동안 재학생을 대상으로 금연교육 4회, 금주교육 3회, 성교육 2회를 실시하려는 계획을 가지고 있다.

〈조건〉

- 금연교육은 정해진 같은 요일에만 주 1회 실시하고, 화, 수, 목요일 중에 해야 한다.
- 금주교육은 월요일과 금요일을 제외한 다른 요일에 시행하며, 주 2회 이상은 실시하지 않는다.
- 성교육은 4월 10일 이전, 같은 주에 이틀 연속으로 실시한다.
- 4월 22일부터 26일까지 중간고사 기간이고, 이 기간에 보건소는 어떠한 교육도 실시할 수 없다.
- 보건소의 교육은 하루에 하나만 실시할 수 있고, 토요일과 일요일에는 교육을 실시할 수 없다.
- 보건소는 계획한 모든 교육을 반드시 4월에 완료하여야 한다.

① 금연교육이 가능한 요일은 화요일과 수요일이다.

② 4월 30일에도 교육이 있다.

③ 금주교육은 4월 마지막 주에도 실시된다.

④ 성교육이 가능한 일정 조합은 두 가지 이상이다.

20. 다음 진술이 참이 되기 위해 꼭 필요한 전제를 〈보기〉에서 고르면?

반장은 반에서 인기가 많다.

〈보기〉

㉠ 머리가 좋은 친구 중 몇 명은 반에서 인기가 많다.
㉡ 얼굴이 예쁜 친구 중 몇 명은 반에서 인기가 많다.
㉢ 반장은 머리가 좋다.
㉣ 반장은 얼굴이 예쁘다.
㉤ 머리가 좋거나 얼굴이 예쁘면 반에서 인기가 많다.
㉥ 머리가 좋고 얼굴이 예쁘면 반에서 인기가 많다.

① ㉠㉢

② ㉡㉣

③ ㉢㉥

④ ㉣㉤

21. 다음 자료는 '발전량' 필드를 기준으로 발전량과 발전량이 많은 순위를 엑셀로 나타낸 표이다. 태양광의 발전량 순위를 구하기 위한 함수식으로 'C3' 셀에 들어가야 할 알맞은 것은 어느 것인가?

	A	B	C
1	<에너지원별 발전량(단위: Mwh)>		
2	에너지원	발전량	순위
3	태양광	88	2
4	풍력	100	1
5	수력	70	4
6	바이오	75	3
7	양수	65	5

① =ROUND(B3,$B$3:$B$7,0)

② =ROUND(B3,$B$3:$B$7,1)

③ =RANK(B3,$B$3:$B$7,1)

④ =RANK(B3,$B$3:$B$7,0)

22. 엑셀 사용 시 발견할 수 있는 다음과 같은 오류 메시지 중 설명이 올바르지 않은 것은 어느 것인가?

① #DIV/0! - 수식에서 어떤 값을 0으로 나누었을 때 표시되는 오류 메시지

② #N/A - 함수나 수식에 사용할 수 없는 데이터를 사용했을 경우 발생하는 오류 메시지

③ #NULL! - 잘못된 인수나 피연산자를 사용했을 경우 발생하는 오류 메시지

④ #NUM! - 수식이나 함수에 잘못된 숫자 값이 포함되어 있을 경우 발생하는 오류 메시지

23. 많은 전문가들은 미래의 사회는 정보기술(IT), 생명공학(BT), 나노기술(NT), 환경기술(ET), 문화산업(CT), 우주항공기술(ST) 등을 이용한 정보화 산업이 주도해 나갈 것이라고 예언한다. 다음 중, 이와 같은 미래 정보화 사회의 6T 주도 환경의 모습을 설명한 것으로 적절하지 않은 것은 어느 것인가?

① 부가가치 창출 요인이 토지, 자본, 노동에서 지식 및 정보 생산 요소로 전환된다.

② 모든 국가의 시장이 국경 없는 하나의 세계 시장으로 통합되는 세계화가 진전된다.

③ 무한한 정보를 중심으로 하는 열린사회로 정보제공자와 정보소비자의 구분이 명확해진다.

④ 과학적 지식이 폭발적으로 증가한다.

24. 다양한 정보 중 어떤 것들은 입수한 그 자리에서 판단해 처리하고 미련 없이 버리는 것이 바람직한 '동적정보' 형태인 것들이 있다. 다음 중 이러한 동적정보에 속하지 않는 것은?

① 각국의 해외여행 시 지참해야 할 물품을 기록해 둔 목록표

② 비행 전, 목적지의 기상 상태를 확인하기 위해 알아 본 인터넷 정보

③ 신문에서 확인한 해외 특정 국가의 질병 감염 가능성이 담긴 여행 자제 권고 소식

④ 입국장 검색 절차가 한층 복잡해졌음을 알리는 뉴스 기사

25. 다음은 정보 분석 절차를 도식화한 것이다. 이를 참고할 때, 공공기관이 새롭게 제정한 정책을 시행하기 전 설문조사를 통하여 시민의 의견을 알아보는 행위가 포함되는 것은 ㈎~㈑ 중 어느 것인가?

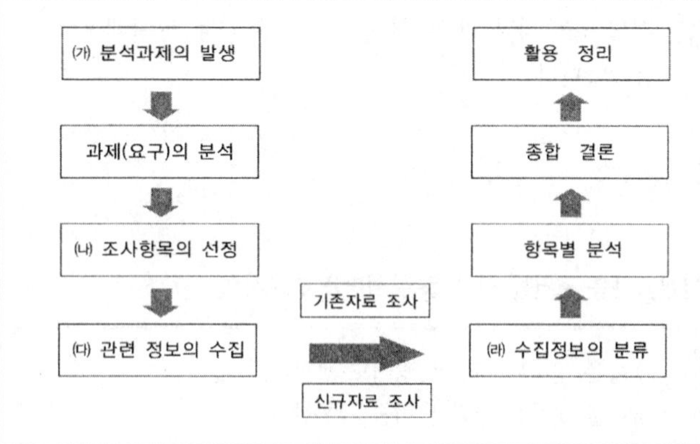

① ㈎ ② ㈏

③ ㈐ ④ ㈑

26. 다음 (가)~(다)의 설명에 맞는 용어가 순서대로 올바르게 짝지어진 것은?

> (가) 유통분야에서 일반적으로 물품관리를 위해 사용된 바코드를 대체할 차세대 인식기술로 꼽히며, 판독 및 해독 기능을 하는 판독기(reader)와 정보를 제공하는 태그(tag)로 구성된다.
> (나) 컴퓨터 관련 기술이 생활 구석구석에 스며들어 있음을 뜻하는 '퍼베이시브 컴퓨팅(pervasive computing)'과 같은 개념이다.
> (다) 메신저 애플리케이션의 통화 기능 또는 별도의 데이터 통화 애플리케이션을 설치하면 통신사의 이동통신망이 아니더라도 와이파이(Wi-Fi)를 통해 단말기로 데이터 음성통화를 할 수 있으며, 이동통신망의 음성을 쓰지 않기 때문에 국외통화 시 비용을 절감할 수 있다는 장점이 있다.

① RFID, 유비쿼터스, VoIP
② POS, 유비쿼터스, RFID
③ RFID, POS, 핫스팟
④ POS, VoIP, 핫스팟

27. 국내에서 사용하는 인터넷 도메인(Domain)은 현재 2단계 도메인으로 구성되어 있다. 다음 중 도메인 종류와 해당 기관의 성격이 올바르게 연결되지 않은 것은?

① re.kr – 연구기관
② pe.kr – 개인
③ kg.kr – 유치원
④ ed.kr – 대학

28. 길동이는 이번 달 사용한 카드 사용금액을 시기별, 항목별로 다음과 같이 정리하였다. 항목별 단가를 확인한 후 D2 셀에 함수식을 넣어 D5까지 드래그를 하여 결과값을 알아보고자 한다. 길동이가 D2 셀에 입력해야 할 함수식으로 적절한 것은 어느 것인가?

	A	B	C	D
1	시기	항목	횟수	사용금액(원)
2	1주	식비	10	
3	2주	의류구입	3	
4	3주	교통비	12	
5	4주	식비	8	
6				
7	항목	단가		
8	식비	6500		
9	의류구입	43000		
10	교통비	3500		

① =C2*HLOOKUP(B2,$A$8:$B$10,2,0)
② =B2*HLOOKUP(C2,$A$8:$B$10,2,0)
③ =B2*VLOOKUP(B2,$A$8:$B$10,2,0)
④ =C2*VLOOKUP(B2,$A$8:$B$10,2,0)

29. 다음 그림에서 A6 셀에 수식 '=$A$1+$A2'를 입력한 후 다시 A6 셀을 복사하여 C6와 C8에 각각 붙여넣기를 하였을 경우, (A)와 (B)에 나타나게 되는 숫자의 합은 얼마인가?

	A	B	C
1	7	2	8
2	3	3	8
3	1	5	7
4	2	5	2
5			
6			(A)
7			
8			(B)

① 10 ② 12
③ 14 ④ 19

30. 다음과 같은 네 명의 카드 사용실적에 관한 자료를 토대로 한 함수식의 결과값이 동일한 것을 〈보기〉에서 모두 고른 것은 어느 것인가?

	A	B	C	D	E
1		갑	을	병	정
2	1일 카드사용 횟수	6	7	3	5
3	평균 사용금액	8,500	7,000	12,000	10,000

〈보기〉
(가) =COUNTIF(B2:E2,"<>"&E2)
(나) =COUNTIF(B2:E2,">3")
(다) =INDEX(A1:E3,2,4)
(라) =TRUNC(SQRT(C2),2)

① (가), (나), (다)
② (가), (나), (라)
③ (가), (다), (라)
④ (나), (다), (라)

31. 김 과장은 다음 달로 예정되어 있는 해외 출장 일정을 확정하려 한다. 다음 상황의 조건을 만족할 경우 김 과장의 출장 일정에 대한 설명으로 올바른 것은 어느 것인가?

> 김 과장은 다음 달 3박4일 간의 일본 출장이 계획되어 있다. 회사에서는 출발일과 복귀일에 업무 손실을 최소화할 수 있도록 가급적 평일에 복귀하도록 권장하고 있고, 출장 기간에 토요일과 일요일이 모두 포함되는 일정은 지양하도록 요구한다. 이번 출장에서는 매우 중요한 계약 건이 이루어져야 하기 때문에 김 과장은 출장 복귀 바로 다음 날 출장 결과 보고를 하고자 한다. 다음 달의 첫째 날은 금요일이며 마지막 주 수요일과 13일은 김 과장이 빠질 수 없는 회사 업무 일정이 잡혀 있다.

① 금요일에 출장을 떠나는 일정도 가능하다.
② 김 과장은 월요일이나 화요일에 출장 결과 보고를 할 수 있다.
③ 김 과장이 출발일로 잡을 수 있는 날짜는 모두 4개이다.
④ 김 과장은 마지막 주에 출장을 가게 될 수도 있다.

32. 다음 〈통역경비 산정기준〉과 〈상황〉을 근거로 판단할 때, 다음 중 통역비를 가장 많이 지불해야 하는 통역사는?

〈통역경비 산정기준〉

통역경비는 통역료와 출장비(교통비, 이동보상비)의 합으로 산정한다.

○ **통역료**(통역사 1인당)

구분	기본요금 (3시간까지)	추가요금 (3시간 초과시)
영어, 아랍어, 독일어	500,000원	100,000/시간
베트남어, 인도네시아어	600,000원	150,000/시간

○ **출장비**(통역사 1인당)
- 교통비는 왕복으로 실비 지급
- 이동보상비는 이동 시간당 10,000원 지급

〈보기〉

甲 : 아랍어 통역사로 교통비는 편도 1시간, 50,000원이고 총 4시간 동안 통역이 진행되었다.
乙 : 베트남어 통역사로 교통비는 왕복 2시간, 100,000원이고 총 4시간 동안 통역이 진행되었다.
丙 : 독일어 통역사로 교통비는 편도 2시간, 80,000원이고 총 6시간 동안 통역이 진행되었다.
丁 : 인도네시아어 통역사로 교통비는 왕복 2시간, 120,000원이고 총 4시간 동안 통역이 진행되었다.

① 甲 ② 乙
③ 丙 ④ 丁

33. 홍보팀장은 다음 달 예산안을 정리하며 예산 업무 담당자에게 간접비용이 전체 직접비용의 30%를 넘지 않게 유지되도록 관리하라는 지시를 내렸다. 홍보팀의 다음과 같은 예산안에서 빈칸 A와 B에 들어갈 수 있는 금액으로 적당한 것은 어느 것인가?

〈예산안〉
- 원재료비 : 1억 3천만 원
- 보험료 : 2천 5백만 원
- 장비 및 시설비 : 2억 5천만 원
- 시설 관리비 : 2천 9백만 원
- 출장비 : (A)
- 광고료 : (B)
- 인건비 : 2천 2백만 원
- 통신비 : 6백만 원

① A : 6백만 원, B : 7천만 원
② A : 8백만 원, B : 6천만 원
③ A : 1천만 원, B : 7천만 원
④ A : 5백만 원, B : 7천만 원

34. 다음 ㈎~㈏ 중 시간계획을 함에 있어 명심하여야 할 사항으로 적절하지 않은 설명을 모두 고른 것은?

> ㈎ 자신에게 주어진 시간 중 적어도 60%는 계획된 행동을 해야 한다.
> ㈏ 계획은 다소 어렵더라도 의지를 담은 목표치를 반영한다.
> ㈐ 예정 행동만을 계획하는 것이 아니라 기대되는 성과나 행동의 목표도 기록한다.
> ㈑ 여러 일 중에서 어느 일이 가장 우선적으로 처리해야 할 것인가를 결정한다.
> ㈒ 유연하고 융통성 있는 시간계획을 정하기보다 가급적 변경 없이 계획대로 밀고 나갈 수 있어야 한다.
> ㈓ 예상 못한 방문객 접대, 전화 등의 사건으로 예정된 시간이 부족할 경우를 대비하여 여유시간을 확보한다.
> ㈔ 반드시 해야 할 일을 끝내지 못했을 경우, 다음 계획에 영향이 없도록 가급적 빨리 잊는다.
> ㈕ 자기 외의 다른 사람(비서, 부하, 상사)의 시간 계획을 감안하여 계획을 수립한다.

① ㈎, ㈏, ㈔ ② ㈐, ㈒, ㈓
③ ㈏, ㈒, ㈔ ④ ㈏, ㈐, ㈒

35. 대한은행이 출시한 다음 적금 상품에 대한 설명으로 올바르지 않은 것은?

1. 상품특징

■ 영업점 창구에서 가입 시보다 높은 금리(+0.3%p)가 제공되는 비대면 채널 전용상품

2. 거래조건

구분	내용
가입자격	개인(1인 1계좌)
가입금액	초입금 5만 원 이상, 매회 1만 원 이상(계좌별), 매월 2천만 원 이내(1인당), 총 불입액 2억 원 이내(1인당)에서 자유적립(단, 계약기간 3/4 경과 후 월 적립 가능 금액은 이전 월 평균 적립금액의 1/2 이내)
가입기간	1년 이상 3년 이내 월 단위
적용금리	가입기간: 1년 이상 / 2년 / 3년 기본금리(연%): 2.18 / 2.29 / 2.41
우대금리	■ 가입일 해당월로부터 만기일 전월말까지 대한카드 이용실적이 100만 원 이상인 경우 : 0.2%p ■ 예금가입고객이 타인에게 이 상품을 추천하고 타인이 이 상품에 가입한 경우 : 추천 및 피추천계좌 각 0.1%p(최대 0.3%p)
예금자 보호	이 예금은 예금자보호법에 따라 예금보험공사가 보호하되, 보호한도는 본 은행에 있는 귀하의 모든 예금보호대상 금융상품의 원금과 소정의 이자를 합하여 1인당 최고 5천만 원이며, 5천만 원을 초과하는 나머지 금액은 보호하지 않습니다.

① 은행원의 도움을 직접 받아야 하는 어르신들이라도 창구를 직접 찾아가서 가입할 수 있는 상품이 아니다.

② 1년 계약을 한 가입자가 9개월이 지난 후 불입 총액이 90만 원이었다면, 10개월째부터는 월 5만 원이 적립 한도금액이 된다.

③ 가입기간이 길수록 우대금리가 적용되는 상품이다.

④ 상품의 특징을 활용하여 적용받을 수 있는 가장 높은 금리는 연리 2.71%이다.

36. A사는 다음과 같이 직원들의 부서 이동을 단행하였다. 다음 부서 이동 현황에 대한 올바른 설명은?

이동 전 \ 이동 후	영업팀	생산팀	관리팀
영업팀	25	7	11
생산팀	9	16	5
관리팀	10	12	15

① 이동 전과 후의 인원수의 변화가 가장 큰 부서는 생산팀이다.

② 이동 전과 후의 부서별 인원수가 많은 순위는 동일하다.

③ 이동 후에 인원수가 감소한 부서는 1개 팀이다.

④ 가장 많은 인원이 이동해 온 부서는 관리팀이다.

37. 다음 중 조직에서 인적자원이 예산이나 물적자원보다 중요한 이유로 적절하지 않은 것은?

① 예산이나 물적자원을 활용하는 것이 바로 사람, 즉 인적자원이기 때문에

② 수동적인 예산이나 물적자원에 비해 능동적이기 때문에

③ 개발될 수 있는 많은 잠재능력과 자질을 보유하고 있기 때문에

④ 조직의 영리 추구에 부합하는 이득은 인적자원에서만 나오기 때문에

38. 다음 글에서 의미하는 자원의 특성을 가장 적절하게 설명한 것은?

> 물적자원을 얼마나 확보하고 활용할 수 있느냐가 큰 경쟁력이 된다. 국가의 입장에 있어서도 자국에서 생산되지 않는 물품이 있으면 다른 나라로부터 수입을 하게 되고, 이러한 물품으로 인해 양국 간의 교류에서 비교우위가 가려지게 된다. 이러한 상황에서 자신이 보유하고 있는 자원을 얼마나 잘 관리하고 활용하느냐 하는 물적자원 관리는 매우 중요하다고 할 수 있다.
>
> 한편, 물적자원 확보를 위해 경쟁력 있는 해외의 물건을 수입하는 경우가 있다. 이때, 필요한 물적자원을 얻기 위하여 예산이라는 자원을 쓰게 된다. 또한 거꾸로 예산자원을 벌기 위해 내가 확보한 물적자원을 내다 팔기도 한다.

① 양국 간에 비교우위 물품이 가려지게 되면, 더 이상 그 국가와의 물적자원 교류는 무의미하다.

② 물적자원과 예산자원 외에는 상호 보완하며 교환될 수 있는 자원의 유형이 없다.

③ 물적자원의 유한성은 외국과의 교류를 통해 극복될 수 있다.

④ 서로 다른 자원이 상호 반대급부로 작용할 수 있고, 하나의 자원을 얻기 위해 다른 유형의 자원이 동원될 수 있다.

39. 다음은 B사의 특정 시점 경영 상황을 나타내고 있는 자료이다. 다음 자료를 보고 판단한 의견 중 적절하지 않은 것은?

계정과목			금액(단위 : 백만 원)
1. 매출액			5,882
2. 매출원가			4,818
상품매출원가			4,818
3. 매출총이익			1,064
4. 판매/일반관리비			576
	직접비용	직원급여	256
		복리후생비	56
		보험료	3.7
		출장비	5.8
		시설비	54
	간접비용	지급임차료	44
		통신비	2.9
		세금과공과	77
		잡비	4.5
		여비교통비	3.8
		장비구매비	6
		사무용품비	0.3
		소모품비	1
		광고선전비	33
		건물관리비	28
5. 영업이익			488

① 영업이익이 해당 기간의 최종 순이익이라고 볼 수 없다.

② 여비교통비는 직접비용에 포함되어야 한다.

③ 위와 같은 표는 특정한 시점에서 그 기업의 자본 상황을 알 수 있는 자료이다.

④ 매출원가는 기초재고액에 당기 제조원가를 합하고 기말재고액을 차감하여 산출한다.

40. 다음은 국내 화장품 산업의 SWOT분석이다. 주어진 전략 중 가장 적절한 것은?

SWOT이란, 강점(Strength), 약점(Weakness), 기회(Opportunity), 위협(Threat)의 머리글자를 모아 만든 단어로 경영 전략을 수립하기 위한 도구이다. SWOT분석을 통해 도출된 조직의 외부/내부 환경을 분석 결과를 통해 각각에 대응하는 전략을 도출하게 된다.

SO 전략이란 기회를 활용하면서 강점을 더욱 강화하는 공격적인 전략이고, WO 전략이란 외부환경의 기회를 활용하면서 자신의 약점을 보완하는 전략으로 이를 통해 기업이 처한 국면의 전환을 가능하게 할 수 있다. ST 전략은 외부환경의 위험요소를 회피하면서 강점을 활용하는 전략이며, WT 전략이란 외부환경의 위협요인을 회피하고 자사의 약점을 보완하는 전략으로 방어적 성격을 갖는다.

내부 / 외부	강점(Strength)	약점(Weakness)
기회 (Opportunity)	SO 전략 (강점-기회 전략)	WO 전략 (약점-기회 전략)
위협 (Threat)	ST 전략 (강점-위협 전략)	WT 전략 (약점-위협 전략)

강점 (Strength)	• 참신한 제품 개발 능력과 상위의 생산시설 보유 • 한류 콘텐츠와 연계된 성공적인 마케팅 • 상대적으로 저렴한 가격 경쟁력
약점 (Weakness)	• 아시아 외 시장에서의 존재감 미약 • 대기업 및 일부 브랜드 편중 심화 • 색조 분야 경쟁력이 상대적으로 부족
기회 (Opportunity)	• 중국 · 동남아 시장 성장 가능성 • 중국 화장품 관세 인하 • 유럽에서의 한방 원료 등을 이용한 'Korean Therapy' 관심 증가
위협 (Threat)	• 글로벌 업체들의 중국 진출(경쟁 심화) • 중국 로컬 업체들의 추격 • 중국 정부의 규제 강화 가능성

내부 / 외부	강점(Strength)	약점(Weakness)
기회 (Opportunity)	① 색조 화장품의 개발로 중국 · 동남아 시장 진출	② 다양한 한방 화장품 개발로 유럽 시장에 존재감 부각
위협 (Threat)	③ 저렴한 가격과 높은 품질을 강조하여 유럽 시장에 공격적인 마케팅	④ 한류 콘텐츠와 연계한 마케팅으로 중국 로컬 업체들과 경쟁

41. 다음은 ◇◇ 기업의 조직도이다. 주어진 자료를 바르게 해석하지 못한 것은?

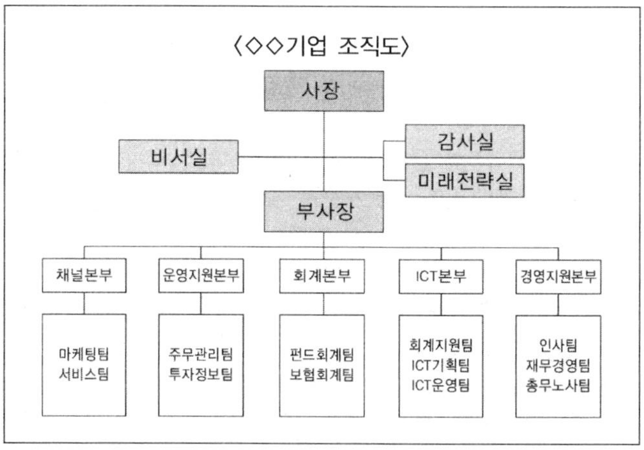

① 비서실은 따로 소속이 없으며 사장에게 직접 보고를 한다.

② 인사팀은 부사장 산하의 경영지원본부에 속해있다.

③ 사장과 직접 업무라인이 연결되어 있는 조직원은 4명이다.

④ 펀드회계팀과 회계지원팀은 본부장 결재 사항인 직원 경조사비에 대한 결제를 회계본부장에게 받는다.

42. 다음 빈칸에 들어갈 조직 형태는 무엇인가?

> S금융, 계열사 IB · 글로벌 (ⓐ) 조직화
>
> S금융그룹이 S은행, S생명, S캐피탈, S금융투자, S카드 등 각 계열사 IB부문과 글로벌 부문을 통합해 (ⓐ) 조직화한다.
>
> (ⓐ) 조직이란 프로젝트 조직과 기능식 조직을 절충한 방식으로 구성원 개인을 원래의 종적 계열과 함께 횡적 또는 프로젝트 팀의 일원으로서 임무를 수행하게 하는 조직 형태다. 한 사람의 구성원이 동시에 두 개 부문에 속하게 된다. (ⓐ) 조직은 프로젝트가 끝나면 원래 조직 업무를 수행한다는 특징이 있다.
>
> 22일 금융업계에 따르면 S금융은 조만간 계열사별 IB, 글로벌 부문을 통합 관리하는 조직을 확대 개편할 예정이다. 우선 IB부문은 기존 S은행과 S금투의 IB부문이 합쳐진 CIB그룹에 S생명, S캐피탈의 IB부문을 결합해 GIB(group investbank)로 확대할 계획이다. S금융지주는 GIB (ⓐ) 조직 규모를 3개 본부 이상으로 키울 것으로 알려졌다.
>
> 글로벌 부문도 S은행, S카드, S금융투자, S생명, S캐피탈 내 글로벌 조직을 (ⓐ) 형태로 바꿔 그룹 해외 전략을 총괄하게 될 전망이다. S금융지주는 다음 주 조직개편안을 확정하고 다음 달 조직개편을 단행할 전망이다.

① 네트워크　　② 사업부

③ 수평구조　　④ 매트릭스

43. 다음은 관리조직의 일반적인 업무내용을 나타내는 표이다. 다음 표를 참고할 때, E사원은 〈보기〉와 같은 업무를 처리하기 위하여 연관되어 있는 팀만으로 나열된 것은 어느 것인가?

부서명	업무내용
총무팀	집기비품 및 소모품의 구입과 관리, 사무실 임차 및 관리, 차량 및 통신시설의 운영, 국내외 출장 업무 협조, 사내외 홍보 광고업무, 회의실 및 사무 공간 관리, 사내 · 외 행사 주관
인사팀	조직기구의 개편 및 조정, 업무분장 및 조정, 인력수급계획 및 관리, 노사관리, 평가관리, 상벌관리, 인사발령, 교육체계 수립 및 관리, 임금제도, 복리후생제도 및 지원업무, 복무관리, 퇴직관리
기획팀	경영계획 및 전략 수립, 전사기획업무 종합 및 조정, 경영정보 조사 및 기획보고, 경영진단업무, 종합예산수립 및 실적관리, 단기사업계획 종합 및 조정, 사업계획, 손익추정, 실적관리 및 분석
외환팀	수출입 외화자금 회수, 외환 자산 관리 및 투자, 수출물량 해상 보험 업무, 직원 외환업무 관련 교육 프로그램 시행, 영업활동에 따른 환차손익 관리 및 손실최소화 방안 강구
회계팀	회계제도의 유지 및 관리, 재무상태 및 경영실적 보고, 결산 관련 업무, 재무제표 분석 및 보고, 법인세, 부가가치세, 국세 지방세 업무자문 및 지원, 보험가입 및 보상업무, 고정자산 관련 업무

> 〈보기〉
>
> E사원은 오늘 매우 바쁜 하루를 보내야 한다. 회사에서 중요한 회의가 있는 날이라 팀에서 막내인 E사원은 회의실을 빌려야 하고, 회의에 필요한 자료를 정리해 회의실에 비치해 두어야 한다. 또한 E사원은 곧 있을 여름휴가를 위해 휴가계를 작성해 제출해야 한다. 오후에는 이번년도와 전년도 1/4분기 경영실적 자료를 입수해 보고서를 작성해야 하고, 그 이후에는 외환업무 관련 교육 프로그램에 참여해야 한다.

① 인사팀, 기획팀

② 총무팀, 기획팀, 회계팀

③ 총무팀, 인사팀, 기획팀, 회계팀

④ 총무팀, 인사팀, 회계팀, 외환팀

44. 다음은 U기업의 조직도와 팀장님의 지시사항이다. 다음 중 K씨가 해야 할 행동으로 가장 적절한 것은?

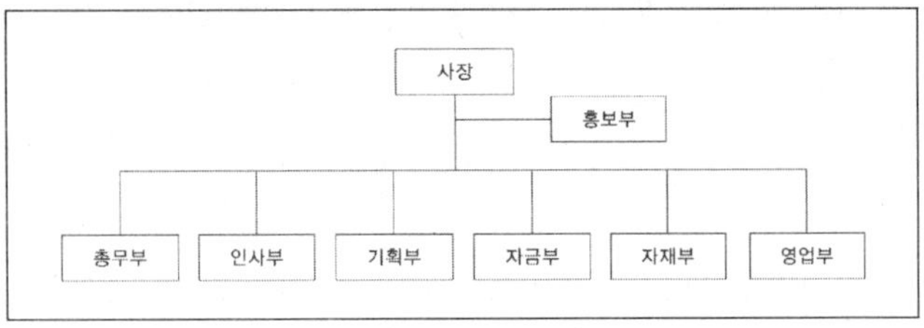

<팀장 지시사항>

K씨, 다음 주에 신규직원 공채시작이지? 실무자에게 부탁해서 공고문 확인하고 지난번에 우리 부서에서 제출한 자료랑 맞게 제대로 들어갔는지 확인해주고 공채 절차하고 채용 후에 신입직원 교육이 어떻게 진행되는지 정확한 자료를 좀 받아와요.

① 인사부에서 신규직원 공채 공고문을 받고, 총무부에서 신입직원 교육 자료를 받아온다.
② 홍보실에서 신규직원 공채 공고문을 받고, 인사부에서 신입직원 교육 자료를 받아온다.
③ 총무부에서 신규직원 공채 공고문과 신입직원 교육 자료를 받아온다.
④ 인사부에서 신규직원 공채 공고문과 신입직원 교육 자료를 받아온다.

45. 다음 중 아래의 조직도를 올바르게 이해한 것은?

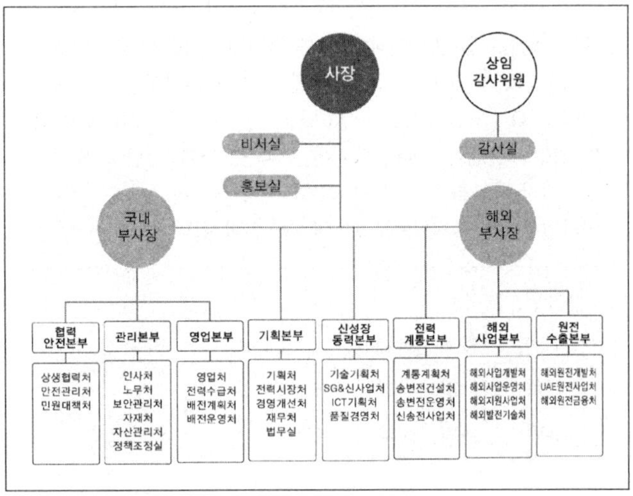

㉠ 사장직속으로는 3개 본부, 13개 처, 2개 실로 구성되어 있다.
㉡ 국내 · 해외부사장은 각 3개의 본부를 이끌고 있다.
㉢ 감사실은 다른 부서들과는 별도로 상임 감사위원 산하에 따로 소속되어 있다.
㉣ 노무처와 재무처는 서로 업무협동이 있어야 하므로 같은 본부에 소속되어 있다.

① ㉠　　② ㉢
③ ㉡㉢　　④ ㉢㉣

46. 다음 〈보기〉와 같은 조직문화의 형태와 그 특징에 대한 설명 중 적절한 것만을 모두 고른 것은?

〈보기〉

(가) 위계를 지향하는 조직문화는 조직원 개개인의 능력과 개성을 존중한다.
(나) 과업을 지향하는 조직문화는 업무 수행의 효율성을 강조한다.
(다) 혁신을 지향하는 조직문화는 조직의 유연성과 외부 환경에의 적응에 초점을 둔다.
(라) 관계를 지향하는 조직문화는 구성원들의 상호 신뢰와 인화단결을 중요시한다.

① (나), (다), (라)
② (가), (다), (라)
③ (가), (나), (라)
④ (가), (나), (다)

47. 다음과 같은 문서 결재 양식을 보고 알 수 있는 사항이 아닌 것은?

출장보고서					
결재	담당	팀장	본부장	부사장	사장
	박 사원 서명	강 팀장 서명	전결	/	본부장

① 박 사원은 출장을 다녀왔으며, 전체 출장 인원수는 알 수 없다.
② 출장자에 강 팀장은 포함되어 있지 않다.
③ 팀장 이하 출장자의 출장보고서 전결권자는 본부장이다.
④ 부사장은 결재할 필요가 없는 문서이다.

48. 길동이는 다음과 같이 직장 상사의 지시사항을 전달받았다. 이를 순서대로 모두 수행하기 위하여 업무 협조가 필요한 조직의 명칭이 순서대로 바르게 나열된 것은?

> "길동 씨, 내가 내일 하루 종일 외근을 해야 하는데 몇 가지 업무 처리를 좀 도와줘야겠습니다. 이 서류는 팀장님 결재가 끝난 거니까 내일 아침 출근과 동시에 바로 유관부서로 넘겨서 비용 집행이 이루어질 수 있도록 해 주세요. 그리고 지난번 퇴사한 우리 팀 오 부장님 퇴직금 정산이 좀 잘못되었나 봅니다. 오 부장님이 관계 서류를 나한테 보내주신 게 있는데 그것도 확인 좀 해 주고 결재를 다시 요청해 줘야할 것 같아요. 또 다음 주 바이어들 방문 일정표 다시 한 번 확인해 보고 누락된 사항 있으면 잘 준비해 두고요. 특히 공항 픽업 관련 배차 결재 서류 올린 건 처리가 되었는지 반드시 재점검해 주길 바랍니다. 지난번에 차량 배차에 문제가 생겨서 애먹은 건 길동 씨도 잘 알고 있겠죠? 부탁 좀 하겠습니다."

① 회계팀, 인사팀, 총무팀
② 인사팀, 홍보팀, 회계팀
③ 인사팀, 총무팀, 마케팅팀
④ 총무팀, 회계팀, 마케팅팀

49. '조직몰입'에 대한 다음 설명을 참고할 때, 조직몰입의 유형에 대한 설명으로 적절하지 않은 것은?

> 몰입이라는 용어는 사회학에서 주로 다루어져 왔는데 사전적 의미에서 몰입이란 "감성적 또는 지성적으로 특정의 행위과정에서 빠지는 것"이므로 몰입은 타인, 집단, 조직과의 관계를 포함하며, 조직몰입은 종업원이 자신이 속한 조직에 대해 얼마만큼의 열정을 가지고 몰두하느냐 하는 정도를 가리키는 개념이다. 즉, 조직에 대한 충성 동일화 및 참여의 견지에서 조직구성원이 가지는 조직에 대한 성향을 의미한다. 또한 조직몰입은 조직의 목표와 가치에 대한 강한 신념과 조직을 위해 상당한 노력을 하고자 하는 의지 및 조직의 구성원으로 남기를 바라는 강한 욕구를 의미하기도 한다. 최근에는 직무만족보다 성과나 이직 등의 조직현상에 대한 설명력이 높다는 관점에서 조직에 대한 조직구성원의 태도를 나타내는 조직몰입은 많은 연구의 관심사가 되고 있다.

① '도덕적 몰입'은 비영리적 조직에서 찾아볼 수 있는 조직몰입 형태이다.
② 조직과 구성원 간의 관계가 타산적이고 합리적일 때의 유형은 '계산적 몰입'에 해당된다.
③ 조직과 구성원 간의 관계가 부정적, 착취적 상태인 몰입의 유형은 '소외적 몰입'에 해당된다.
④ '도덕적 몰입'은 몰입의 정도가 가장 낮다고 할 수 있다.

50. 다음과 같은 '갑'사의 위임전결규칙을 참고할 때, 다음 중 적절한 행위로 볼 수 없는 것은? (단, 전결권자 부재 시 차상위자가 전결권자가 된다)

업무내용(소요예산 기준)	전결권자				이사장
	팀원	팀장	국(실)장	이사	
가. 공사 도급					
3억 원 이상					○
1억 원 이상				○	
1억 원 미만			○		
1,000만 원 이하		○			
나. 물품(비품, 사무용품 등) 제조/구매 및 용역					
3억 원 이상					○
1억 원 이상				○	
1억 원 미만			○		
1,000만 원 이하		○			
다. 자산의 임(대)차 계약					
1억 원 이상					○
1억 원 미만				○	
5,000만 원 미만			○		
라. 물품수리					
500만 원 이상			○		
500만 원 미만		○			
마. 기타 사업비 예산집행 기본품의					
1,000만 원 이상			○		
1,000만 원 미만		○			

① 국장이 부재중일 경우, 소요예산 5,000만 원인 공사 도급 계약은 팀장이 전결권자가 된다.
② 소요예산이 800만 원인 인쇄물의 구매 건은 팀장의 전결사항이다.
③ 이사장이 부재중일 경우, 소요예산이 2억 원인 자산 임대차 계약 건은 국장이 전결권자가 된다.
④ 소요예산이 600만 원인 물품수리 건은 이사의 결재가 필요하지 않다.

51. '내부고발제도'와 관련한 다음의 글을 참고할 때, 내부고발제도를 효과적으로 실행할 수 있는 방안으로 적절하지 않은 것은?

> 내부고발제도가 뿌리 내리기 위해 요구되는 것은 법 제도에 앞선 사회적 인식의 전환이다. 우선 조직을 지배하는 온정주의와 연고주의 문화가 뿌리 뽑혀야 한다. 인간적 관계 때문에 부정행위를 보고도 모른 체하고 넘어가는 조직문화 속에서 내부고발제도는 제대로 작동하기 어렵다. 지난 6월 세계일보 조사 결과, 사소한 관행적인 부정행위를 '신고하겠다.'는 응답은 39.7%에 불과했다. 이 결과의 가장 큰 이유는 조직의 '보복과 불이익'(46.3%) 때문이다. 내부고발자가 "너 혼자 깨끗한 척 하는 바람에 조직이 망가지고 동료 직원이 쫓겨났다."는 비난을 받으면 괜한 일을 했는가라는 좌절감에 빠진다. 따라서 보복행위를 명확히 규정하여 그 처벌을 강화하고, 공익제보자의 포상 및 보상 기준을 높여 경제적 불이익 때문에 실제 내부고발을 주저하는 일이 없게 해야 한다. 그 제도적 대안으로는 부패 몰수자산의 일정액을 공익신고자지원기금으로 조성하여 공익제보자에 대한 실질적 지원에 활용하는 방안을 생각할 수 있다.
>
> 현행 내부고발제도는 본인이 직접 실명 신고했을 경우에만 인정한다. 비밀이 보장되어도 신분이 노출될 수 있다는 두려움 때문에 신고에 나서지 않는 현실을 감안해 변호사나 시민단체를 통한 대리신고 역시 인정되어야 할 것이다. 부득이하게 내부고발자의 신분이 노출된 경우 조직차원에서는 감사·윤리경영 관련 부서에 배치해 관련 업무를 맡기거나 국가 차원에서도 공공기관의 감사부서에서 이들이 일할 수 있는 기회를 적극적으로 제공할 필요가 있다. 결국, 조직의 투명성 강화와 윤리경영은 내부고발제도가 불법행위의 예방제 역할을 할 때 가능하다.

① 내부고발과 개인적인 불평불만은 분명히 구분돼야 하므로 이 둘은 별도의 보고체계를 통해 관리한다.

② 내부고발자의 신원이 확실히 보호될 수 있는 법적, 제도적 장치를 마련해야 한다.

③ 내부고발 정책은 조직 내의 모든 관리자와 직원에게 동일하게 적용되어야 한다.

④ 내부고발자의 상황을 고려해 외부로의 확산을 우선 차단하고 직속상관에게 우선 보고하는 시스템을 마련해야 한다.

52. 다음에서 알 수 있는 슈펭글러의 사례가 우리 사회에 발생하지 않도록 하기 위한 적절한 제도적 장치로 가장 거리가 먼 것은?

> 2000년대 초, 독일 카셀의 폭스바겐 공장에서 근무하던 슈펭글러는 믿을 수 없는 장면을 목격했다. 폭스바겐 내에서 공금 유용과 비용 부풀리기를 이용한 착복 등이 일어나고 있었던 것이다. 슈펭글러가 확인한 바에 따르면 이는 일부 몇몇 직원의 일탈이 아니라 노조까지 연루된 부패 사건이었다. 그는 이 사실을 직속 상사와 감사담당관, 경영진에게 알렸으나, 몇 해가 지나도록 그들은 묵묵부답이었다.
>
> 2003년, 회사에 알리는 것만으로는 이를 해결할 수 없다는 걸 깨달은 슈펭글러는 주주들과 감독이사회에 편지를 보내기에 이른다. 하지만 며칠 뒤 그가 받은 답변은 슈펭글러 자신의 해고 통지였다. 부정행위로 회사의 공금이 새고 있음을 고발한 대가는 가혹했다. 슈펭글러는 긴 시간 동안 법정 투쟁 속에 힘든 싸움을 이어가야 했으며, 수년 후에야 검찰 수사를 통해 슈펭글러가 고발한 사내 부패문제가 밝혀졌다.

① 직원의 신원은 확실히 보호되고 모든 제보가 진지하게 다루어지며 제기된 문제는 적절하게 조사된다는 내용이 명확하게 명시된 정책을 운영해야 한다.

② 개인의 불평불만과도 관련될 수 있으므로 인사부 직원을 중심으로 한 '고충신고라인' 등의 제도와 연계시키는 정책을 추진하여야 한다.

③ 조직 내의 모든 관리자와 직원은 물론 외부 이해관계자까지 포함하는 포괄적인 정책이 마련되어야 한다.

④ 고발 행위는 자발적인 행동이 아니라 의무가 돼야 하고 이 의무는 정책에서 분명하게 설명되어야 한다.

53. 다음 글에서 엿볼 수 있는 우리나라 기업 문화의 비윤리적인 악습을 지칭하는 말로 적절한 것은?

> 근대 이전으로 거슬러 올라갈수록 사회적 강자의 약자에 대한 지배는 인신예속적 양상을 보인다. 봉건적 신분 제도가 가진 중요한 특징은 개인이 사회에서 차지하는 직분이 단순한 기능적 차원을 넘어 인신예속적 성격을 띤다는 점이다. 예를 들어 지주와 소작농의 관계는 토지 임대인-임차인의 관계를 넘어 주인-머슴의 관계와 동일시되었다. 따라서 지주는 토지 임대인으로서 가지는 법적 권리를 넘어 주인 또는 상전으로서 무한한 권리를 향유할 수 있었으며, 소작농은 토지 임차인으로서 가지는 법적 의무를 넘어 머슴이나 상놈으로서 무한한 의무를 걸머지지 않으면 안 되었다.

① 성희롱　　② 갑질

③ 무책임　　④ 상하관계

54. **다음은 채용비리와 관련한 실태와 문제점을 제기한 글이다. 다음 글에서 제기된 문제점을 보완할 수 있는 방안으로 적절한 것을 〈보기〉에서 모두 고른 것은?**

> 공직 유관단체 채용비리 특별점검 결과 272개 대상 기관 중 200개 기관에서 적발 건이 발생되었다. 적발 건수의 합계는 무려 946건으로 기관 당 평균 5건에 육박하는 수치이다. 그러나 채용비리 연루자 및 부정합격자 등에 대한 제재 근거 미흡하다는 지적이 제기되고 있다. 공직유관단체 대다수의 기관이 채용비리 연루 직원 업무배제, 면직, 부정합격자 채용취소 등에 관한 내부 규정 미비로 인하여 연루 기관장 등 임원에 대한 해임 이외의 다른 제재수단이 없는 것을 드러났다. 채용비리 연루자 중 수사의뢰(징계요구)된 기관의 임직원에 대해 근거규정이 없어 업무배제가 불가하며, 범죄사실과 징계여부가 확정되기까지는 최소 3개월의 시간이 소요된다는 것 또한 문제점을 해소하는 데 걸림돌이 되고 있다.

〈보기〉

(가) 채용비리 예방을 위해 부정청탁 또는 비리 내용을 홈페이지 등에 공개한다.
(나) 채용비리로 수사의뢰 되거나 징계 의결 요구된 경우 해당 직원을 즉시 업무 배제할 수 있는 근거를 마련한다.
(다) 채용비리의 징계시효를 연장하는 규정을 마련한다.
(라) 채용 관리 및 면접 위원 구성의 투명성과 평가 기준의 공정성을 확보한다.

① (가), (나), (다), (라)
② (나), (다), (라)
③ (가), (다), (라)
④ (가), (나), (라)

55. **A공사의 성희롱 방지 관련 다음 규정을 참고할 때, 규정의 내용에 부합하지 않는 설명은 어느 것인가?**

> 제○○조(피해자 등 보호 및 비밀유지)
> ① 위원장(인사·복무 등에 관한 권한을 위원장으로부터 위임받은 자를 포함한다)은 피해자 등, 신고자, 조력자에 대하여 고충의 상담, 조사신청, 협력을 이유로 다음 각 호의 어느 하나에 해당하는 불리한 처우를 하여서는 아니 된다.
> 1. 파면, 해임, 그 밖에 신분상실에 해당하는 불이익 조치
> 2. 징계, 정직, 감봉, 강등, 승진 제한 등 부당한 인사조치
> 3. 직무 미부여, 직무 재배치, 그 밖에 본인의 의사에 반하는 인사조치
> 4. 성과평가, 동료평가 등에서 차별이나 그에 따른 임금 또는 상여금 등의 차별 지급
> 5. 직업능력 개발 및 향상을 위한 교육훈련 기회의 제한
> 6. 집단 따돌림, 폭행 또는 폭언 등 정신적·신체적 손상을 가져오는 행위를 하거나 그 행위의 발생을 방치하는 행위
> 7. 그 밖에 피해를 주장하는 자, 조사 등에 협력하는 자의 의사에 반하는 불리한 처우
>
> ② 위원장은 피해자등의 의사를 고려하여 행위자와의 업무분장·업무공간 분리, 휴가 등 적절한 조치를 취해야 한다.
> ③ 성희롱·성폭력 사건 발생 시 피해자 치료 지원, 행위자에 대한 인사 조치 등을 통해 2차 피해를 방지하고 피해자의 근로권 등을 보호하여야 한다.
> ④ 고충상담원 등 성희롱·성폭력 고충과 관계된 사안을 직무상 알게 된 자는 사안의 조사 및 처리를 위해 필요한 경우를 제외하고는 사안 관계자의 신원은 물론 그 내용 등에 대하여 이를 누설하여서는 아니 된다.

① 성희롱을 목격하여 신고한 사람에게 인사상 불이익을 주어서는 안 된다고 설명하였다.
② 성희롱 피해자가 원할 경우, 직장에서는 행위자와의 격리 조치를 취해주어야 한다고 설명하였다.
③ 성희롱 사건을 직무상 알게 된 사람이 피해자의 이름을 누설하는 것은 규정 위반이라고 설명하였다.
④ 성희롱 피해 당사자에게는 우선 어떠한 직무도 부여하지 말고 절대 휴식을 주어야 한다고 설명하였다.

56. 다음 글과 같은 친절한 서비스를 제공하기 위해서 금지해야 할 행위로 적절하지 않은 것은?

> 고객이 서비스 상품을 구매하기 위해서는 입구에 들어올 때부터 나갈 때까지 여러 서비스 요원과 몇 번의 짧은 순간을 경험하게 되는데 그때마다 서비스 요원은 모든 역량을 동원하여 고객을 만족시켜 주어야 하는 것이다. 이를 뒷받침하기 위해서는 고객접점에 있는 서비스 요원들에게 권한을 부여하고 강화된 교육이 필요하며, 고객과 상호작용에 의하여 서비스가 순발력 있게 제공될 수 있는 서비스 전달시스템을 갖추어야 한다. 고객은 윗사람에게 결재의 여유를 주지 않을 뿐만 아니라 기다리지도 않는다.

① 고객에게 짧은 시간에 결정적이고 좋은 인상을 심어주려는 행위
② 고객을 방치한 채 업무자끼리 대화하는 행위
③ 고객이 있는데 화장을 하거나 고치는 행위
④ 개인 용무의 전화 통화를 하는 행위

57. 다음은 '기업의 직업윤리'의 중요성을 다루는 세미나에서 제공된 발표 자료의 일부이다. 이에 대한 설명으로 적절하지 않은 것은?

> 외국인 투자자들은 최근 한국 기업의 기업 윤리 행태에 대해 비판의 목소리를 높이고 있죠. 투자자의 신뢰를 배신한 한국 기업이라고 구체적으로 지칭하며, 이들에 대한 지분율을 낮추는 등 보유 주식을 대거 처분하고 있는 모습을 보이고 있습니다. 특히 가짜 백수오 사건으로 물의를 일으키는 N사가 대표적인데요. N사는 건강 기능성식품을 제조하면서 진짜 백수오가 아닌, 인체에 유해한 물질을 넣었었죠. 이 같은 사실이 공개되기 직전에 내부 임원들이 수십억 원대의 보유 주식을 매각한 사실까지 드러나면서 엄청난 비난이 쏟아지기도 했습니다.
>
> 이러한 행태에 분노한 외국인들은 N사의 주식을 대규모로 매각했고, 주가는 한 달 만에 82% 이상 폭락했죠. 문제는 N사와 같은 행태가 한국 기업 내에서 어렵지 않게 보인다는 것입니다. 국내 최대 자동차기업 중 하나인 Z사는 10조 원이 넘는 지출을 통해 부지를 매입했는데, 이것에 대해 외국인 투자자들은 비상식적인 경영 행위로 판단하고, 경영진에게 일침을 가하기도 했습니다.

① 투자자들은 기업의 경영 방침에 대해 지적하고 간섭할 권리가 있다.
② 한국 기업 경영진들은 종종 자신의 이득만을 위해 정보를 조작하는 등 투명하지 않은 모습을 보이기 때문에 국민들에게 비난의 대상이 되기도 한다.
③ 정보 통신의 발달로 인해 기업들의 정직하지 못한 행태가 쉽게 확인 가능하게 되면서, 기업의 공정에 대한 윤리의식이 기업의 성과에 매우 중요한 요인이 되고 있다.
④ 기업들은 브랜드 이미지를 관리하기 위해 SNS 모니터링, 홍보단 등을 구성하고 운영할 필요가 있다.

58. 다음은 A기관 민원실에 걸려 있는 전화 민원 응대 시 준수사항이다. 밑줄 친 ㈎~㈑ 중 전화 예절에 어긋나는 것은?

> - 전화는 항상 친절하고 정확하게 응대하겠습니다.
> - 전화는 전화벨이 세 번 이상 울리기 전에 신속하게 받겠으며, ㈎<u>전화 받은 직원의 소속과 이름을 정확히 밝힌 후 상담하겠습니다.</u>
> - ㈏<u>통화 중에는 고객의 의견을 명확히 이해하기 위하여 고객과의 대화를 녹취하여 보관하도록</u> 하겠습니다.
> - 고객의 문의 사항에 대해서는 공감하고 경청하며, 문의한 내용을 이해하기 쉽게 충분히 설명하겠습니다.
> - 부득이한 사정으로 전화를 다른 직원에게 연결할 경우에는 먼저 고객의 양해를 구한 후 신속하게 연결하겠으며, ㈐<u>통화 요지를 다른 직원에게 간략하게 전달하여 고객이 같은 내용을 반복하지 않도록</u> 하겠습니다.
> - 담당 직원이 부재중이거나 통화 중일 경우에는 고객에게 연결하지 못하는 이유를 설명하고 ㈑<u>유선 민원 접수표를 담당 직원에게 전달하여 빠른 시간 내에 연락드리겠습니다.</u>
> - <u>고객의 문의 사항에 즉시 답변하기 어려울 때는 양해를 구한 후 관련 자료 등을 확인하여 신속히 답변</u> 드리겠습니다.
> - 고객과 상담 종료 후에는 추가 문의 사항을 확인한 다음 정중히 인사하고, 고객이 전화를 끊은 후에 수화기를 내려놓겠습니다.
> - 직원이 고객에게 전화를 할 경우에는 본인의 소속과 성명을 정확히 밝힌 후에 답변 드리겠습니다.

① ㈎
② ㈏
③ ㈐
④ ㈑

59. **다음은 B공사의 윤리경영에 입각한 임직원 행동강령의 일부이다. 주어진 행동강령에 부합하는 설명이 아닌 것은?**

> 제○○조(금품 등을 받는 행위의 제한)
> ① 임직원(배우자 또는 직계 존·비속을 포함한다.)은 직무관련자나 직무관련임직원으로부터 금전, 부동산, 선물, 향응, 채무면제, 취업제공, 이권부여 등 유형·무형의 경제적 이익을 받거나 요구 또는 제공받기로 약속해서는 아니 된다. 다만, 다음 각 호의 어느 하나에 해당하는 경우에는 그러하지 아니하다.
> 1. 친족이 제공하는 금품 등
> 2. 사적 거래로 인한 채무의 이행 등에 의하여 제공되는 금품 등
> 3. 원활한 직무수행 또는 사교·의례의 목적으로 제공될 경우에 한하여 제공되는 3만 원 이하의 음식물·편의 또는 5만 원 이하의 소액의 선물
> 4. 직무와 관련된 공식적인 행사에서 주최자가 참석자에게 통상적인 범위에서 일률적으로 제공하는 교통·숙박·음식물 등의 금품 등
> 5. 불특정 다수인에게 배포하기 위한 기념품 또는 홍보용품 등
> 6. 특별히 장기적·지속적인 친분관계를 맺고 있는 자가 질병·재난 등으로 어려운 처지에 있는 임직원에게 공개적으로 제공하는 금품 등
> 7. 임직원으로 구성된 직원 상조회 등이 정하는 기준에 따라 공개적으로 구성원에게 제공하는 금품 등
> 8. 상급자가 위로, 격려, 포상 등의 목적으로 하급자에게 제공하는 금품 등
> 9. 외부강의·회의 등에 관한 대가나 경조사 관련 금품 등
> 10. 그 밖에 다른 법령·기준 또는 사회상규에 따라 허용되는 금품 등
>
> ② 임직원은 직무관련자였던 자나 직무관련임직원이었던 사람으로부터 당시의 직무와 관련하여 금품 등을 받거나 요구 또는 제공받기로 약속해서는 아니 된다. 다만, 제1항 각 호의 어느 하나에 해당하는 경우는 제외한다.

① 임직원의 개인적인 채무 이행 시의 금품 수수 행위는 주어진 행동강령에 의거하지 않는다.

② 3만 원 이하의 음식물·편의 제공은 어떤 경우에든 가능하다.

③ 어떠한 경우이든 공개적으로 제공되는 금품은 문제의 소지가 현저히 줄어든다고 볼 수 있다.

④ 직원 상조회 등으로부터 금품이 제공될 경우, 그 한도액은 제한하지 않는다.

60. **동진이는 팀원들과 함께 아이디어 회의를 하고 있는 중이다. 다양한 아이디어를 수집하여 정리하고 토론을 하였다. 다음 중 '직무책임'에 관하여 틀린 의견을 낸 사람은 누구인가?**

① 김대리 – 내가 해야 할 직무를 개인적인 일보다 우선적으로 수행해야 합니다.

② 이대리 – 내가 해야 할 직무를 행함에 있어서, 역할과 책임을 명확하게 해야 합니다.

③ 신주임 – 자신의 고유직무만 아니라 소속팀의 공동직무도 공동책임입니다.

④ 정과장 – 직무수행 중 일어난 과실에 대해서는 법적 책임만 져야 합니다.

✍ 종합직무지식평가(50문항/50분)

1. **사용하던 컴퓨터를 교체하였으나 모델이 다른 새로운 컴퓨터에서도 프로그램을 그대로 사용할 수 있다면 이것은 컴퓨터의 어떤 특성이 좋은 것인가?**

① 범용성 ② 호환성

③ 다중성 ④ 다량성

⑤ 상업성

2. **다음은 컴퓨터 하드웨어의 특징이다. 관련이 적은 것은?**

① 이용하기 위해서 사전에 많은 준비를 해야 한다.

② 컴퓨터를 사용하다가 다시 수작업으로 쉽게 돌아갈 수 있다.

③ 하드웨어의 경제수명이 비교적 짧다.

④ 업무성질에 따라서 동일한 하드웨어의 성능이 달라진다.

⑤ 입출력 매체가 다양화되어야 한다.

3. **다음 중 용도에 따른 컴퓨터의 분류로 바르게 연결된 것은?**

① 디지털 컴퓨터와 아날로그 컴퓨터

② 마이크로 컴퓨터와 하이브리드 컴퓨터

③ 대형, 중형, 소형 컴퓨터

④ 범용 컴퓨터와 특수용도 컴퓨터

⑤ 1세대 컴퓨터와 2세대 컴퓨터

4. **다음 중 아날로그 컴퓨터의 특징을 잘못 설명한 것은?**

① 길이, 전압, 전류 등의 연속적인 양이 직접 입력되며 곡선그래프 등이 출력된다.

② 정밀도를 보통 0.01% 정도로 제한된다.

③ 미적분 연산을 하며, 증폭 회로와 릴레이 등을 사용한다.

④ 고도의 유지관리기술이 필요하다.

⑤ 저장기능이 없다.

5. **디지털 컴퓨터의 특징에 속하지 않는 것은?**

① 코드화된 문자나 숫자의 형태로 입력되며, 문자나 숫자로 출력된다.

② 프로그램이 필요하다.

③ 4칙연산을 하며, 속도가 느리다.

④ 대상 업무는 특수용으로 한정된다.

⑤ 디지털시계, 휴대용 계산기 등에 사용된다.

6. **다음 중 입력장치로만 짝지어진 것은?**

① X-Y Plotter, OMR, 라인 프린터

② OCR, Printer, MICR

③ X-Y Plotter, Card Reader, OCR

④ Card Punch, CRT, OMR

⑤ OMR, OCR, Keyboard

7. **다음 장치류 중 입·출력 장치를 겸할 수 있는 것은 어느 것인가?**

① MICR

② Card Reader

③ X-Y Plotter

④ Console

⑤ COM System

8. **Punch Card의 단점이 아닌 것은 어느 것인가?**

① 한 번 사용한 것은 다시 사용할 수 없다.

② 습기에 약하고 보존에 주의가 필요하다.

③ Card만 보고도 내용을 알 수 있다.

④ Card를 잘못 다루면 Data나 Program의 순서가 틀리는 수가 있다.

⑤ 처리 속도에 한계가 있다.

9. OMR(Optical Mark Reader)의 설명 중 틀린 것은 어느 것인가?

① Optical Mark라는 것은 용지의 정해진 위치에 Marking 한 것이다.

② Optical Mark는 Mark의 크기와 형태로 식별된다.

③ 대학수학능력시험이나 고입선발고사 등에 널리 사용된다.

④ Optical Mark Reader는 Data를 직접 작성할 때 편리하다.

⑤ 광학적 기호 판독장치로 컴퓨터 입력장치의 하나이다.

10. 우리가 현재 사용하고 있는 정액 자기앞수표 하단에는 특수한 문자가 인쇄되어 있다. 이러한 문자를 직접 해독하여 전자계산기에 입력시킬 수 있는 장치의 이름은?

① 광학마크판독장치(OMR)

② Card-Reader장치

③ 광학식문자판독기(OCR)

④ 디지타이저(Digitizer)

⑤ 자기잉크문자인쇄장치(MICR)

11. 10진수 28.625를 2진수로 변환한 값은?

① 11100.101　　② 11101.101

③ 11111.001　　④ 1110.101

⑤ 111.0101

12. 8진수 6402를 10진수로 변환한 값이 옳은 것은?

① 2524　　② 3310

③ 3728　　④ 3320

⑤ 3330

13. 수학적 정보이론에서 32개의 정보를 이진법으로 표현했을 때 2진법 표현 중 맞는 것은?

① 1111　　② 11

③ 1　　④ 11111

⑤ 111

14. 101101_2의 2의 보수는 얼마인가?

① 110111_2　　② 110001_2

③ 010011_2　　④ 010001_2

⑤ 011010_2

15. 전자계산기에서 보수(Complement Number)를 쓰는 것 중 옳은 것은?

① 보수를 이용하면 계산결과가 정확하기 때문이다.

② 전자계산기 내에서 보수는 음수를 표현할 수 있는 한 방법이기 때문이다.

③ 음수를 보수로 표현하는 것이 제일 간편하기 때문이다.

④ 덧셈 회로를 뺄셈에도 사용할 수 있도록 하기 위함이다.

⑤ 정확산 결과를 얻을 수 있도록 하기 위함이다.

16. 논리회로(Logic Circuit)의 구성에 있어서 양논리(Positive Logic)란?

① 높은 전압을 5[V], 낮은 전압을 -5[V]로 한다.

② 낮은 전압을 -5[V], 높은 전압은 어느 경우도 좋다.

③ 높은 전압을 논리 1로, 낮은 전압을 논리 0으로 한다.

④ 높고 낮은 전압을 전부 0[V]로 한다.

⑤ 높고 낮은 전압을 전부 논리 1로 한다.

17. De-Morgan의 정리를 나타낸 관계식 중 맞는 것은?

① $\overline{A+B}=\overline{A}+\overline{B}$

② $\overline{A+B}=\overline{A \cdot B}+\overline{A \cdot B}$

③ $\overline{A+B}=\overline{A} \cdot \overline{B}$

④ $\overline{A+B}=A+B$

⑤ $A \cdot B=A+B$

18. 다음 논리식 중에서 틀린 것은?

① $A+A=A$　　② $A+\overline{A}=A$

③ $A \cdot \overline{A}=0$　　④ $1+A=1$

⑤ $A \times A=A$

19. 두 개의 조건이 동시에 참일 때에만 참이 되고 나머지 경우는 거짓이 되는 것은?

① AND ② XOR
③ OR ④ NOT
⑤ NAND

20. A · B + A · C + A · B' · C'를 간단히 표현하면?

① B' ② A'
③ B ④ BA
⑤ A

21. 연관성을 가진 데이터 요소의 집합을 무엇이라 하는가?

① 유틸리티(Utility)
② 데이터 목록(Data Directory)
③ 데이터베이스(Data Base)
④ 기억베이스(Memory Base)
⑤ 어트리뷰트(Attribute)

22. 다음은 데이터베이스의 특징을 나타낸 것이다. 옳은 것은?

① 자료를 총체적으로 일원화하여 관리하며 Device와의 독립이다.
② 수치계산, 과학계산에 흔히 사용된다.
③ 사무용으로 문서처리하기에 적합한 응용시스템이다.
④ 기계특성, 응용Program 특성에 맞게 File을 설계하였다.
⑤ 백업과 복원이 어렵다.

23. 데이터베이스의 사용 목적과 관계가 먼 것은?

① 자료와 응용프로그램 간의 독립성을 유지한다.
② 자료의 중복성을 최대한 줄인다.
③ 자료의 무결성 유지를 용이하게 한다.
④ 사용자에 따라 각각 다른 파일을 준비한다.
⑤ 데이터의 중앙통제가 가능하다.

24. 다음 중 정보를 표현하는 데이터 간의 관계를 테이블 구조로 나타내는 데이터 모형은?

① Network Model
② Structure Diagram
③ Bachman Diagram
④ Relational Model
⑤ Application Moder

25. 데이터베이스가 확장될 가능성이 없으면서 새로운 특성이 첨가될 가능성이 없을 때, 정당한 논리적 구조는?

① 리스트구조
② 물리구조
③ 관계구조
④ 계층구조
⑤ 네트워크구조

26. 다음 중 시스템소프트웨어가 아닌 것은 어느 것인가?

① 언어번역프로그램
② 사용자작성프로그램
③ 운영체제
④ 유틸리티프로그램
⑤ 입출력제어프로그램

27. 다음 중 기계어의 단점으로 옳지 않은 것은?

① 숫자만으로 구성되었기 때문에 기억하기가 곤란하다.
② 컴퓨터 기종마다 기계어가 다르기 때문에 보편성이 적다.
③ 프로그램 작성과 수정, 보수가 어렵다.
④ 컴퓨터가 처리하기에 불편하다.
⑤ 하드웨어의 특성을 알아야 한다.

28. 다음은 어셈블리 언어에 대한 설명이다. 잘못된 것은?

① 기계어를 기호화한 언어이다.

② 어느 기종으로도 공통으로 사용할 수 있다.

③ 원칙적으로 기계어와 1대 1로 대응하고 있다.

④ 매크로기능을 갖고 있다.

⑤ 비트연산이 가능하다.

29. 과학기술계산, 파일처리기능 등이 모두 간편한 대화형 언어로서 Micro computer 및 Personal Computer에 널리 사용되는 언어는?

① ALGOL　② COBOL

③ PASCAL　④ FORTRAN

⑤ BASIC

30. 다음 중에서 프로그래밍 언어가 아닌 것은?

① LISP　② UNIX

③ GPSS　④ SNOBOL

⑤ BASIC

31. 컴퓨터의 효율적인 운영을 위해 하드웨어로 된 컴퓨터에 생명력을 불어 넣어 일을 할 수 있게 체계화한 소프트웨어의 조직적인 집합의 총칭은?

① MIS(경영정보시스템)

② Operating System(운영체제)

③ CAI(Computer Assisted Instruction)

④ OR(Operations Research)

⑤ CP(Control Program)

32. 운영체제에 대한 설명으로 부적합한 것은?

① 사용자와 컴퓨터 사이의 중개자이다.

② 시스템을 제어하는 응용프로그램이다.

③ 자원을 할당하는 모니터이다.

④ 자원을 관리하는 감독관이다.

⑤ 사용자의 편리성을 증대시킨다.

33. 사용자가 어느 한 작업을 컴퓨터에 처리를 의뢰하고 나서 그 결과를 얻을 때까지의 시간을 무엇이라 하는가?

① Access Time

② Run Time

③ Tracing Time

④ Idle Time

⑤ Turn-Around Time

34. 다음 중 오퍼레이팅 시스템의 목적이 아닌 것은?

① 시스템의 효과적인 가동으로 성능을 높인다.

② 시스템의 이용도를 향상시킬 수 있다.

③ 프로그램의 프로그래밍 작업이 능률적이다.

④ 응답시간을 단축시킬 수 있다.

⑤ 여러 가지 일을 동시에 처리한다.

35. 오퍼레이팅 시스템을 이루고 있는 제어프로그램 중에서 처리프로그램의 실행과정과 시스템 전체의 작동상태를 감시하는 프로그램은?

① 마스터스케줄

② 작업관리프로그램

③ 잡스케줄

④ 언어처리프로그램

⑤ 감시프로그램

36. 다음 중 원문 작성, 제시, 편집, 전송, 저장, 검색, 치급, 출력 등을 하는 데 Computer를 사용하는 것은?

① 팩시밀리시스템(Facsimile System)

② 워드프로세싱(WP : Word Processing)

③ 데이터통신시스템(Data Communication System)

④ 전자우편메시지시스템(EMMS)

⑤ 데이터베이스관리프로그램(DBMS)

37. 컴퓨터의 발전 과정 중 시분할 처리 시스템을 통해 멀티 프로그래밍을 지원했고, 경영정보시스템이 확립된 컴퓨터의 세대로 옳은 것은?

① 제1세대
② 제2세대
③ 제3세대
④ 제4세대
⑤ 제5세대

38. 다음 중 경영에 관한 정보관리시스템으로서 판매장에 컴퓨터와 연결된 단말기를 설치하여 판매의 사무 정리 및 시장 조사, 재고 조사 등 유통 경제를 종합적으로 관리할 수 있도록 한 컴퓨터시스템은?

① MIS
② POS
③ DBMS
④ FMS
⑤ CAD

39. 제품 생산공정에 있어서 상황에 따라 적당히 순서를 변경할 수 있도록 프로그래밍할 수 있는 시스템은?

① FMS
② CAD
③ COM
④ CAI
⑤ MIS

40. 시행착오적 문제해결에 도움을 주는 기법은?

① 시뮬레이션(Simulation)
② 피드백(Feedback)
③ 계획화 기능
④ 통제화 기법
⑤ 프리젠테이션

41. 다음 내용에 해당되는 정보보안의 속성은?

임의 정보에 접근할 수 있는 주체의 능력이나 주체의 자격을 검증하는 데 사용하는 수단을 말한다.

① 무결성(Integrity)
② 기밀성(Confidentiality)
③ 정보(Information)
④ 인증(Authentication)
⑤ 취약성(Vulnerability)

42. 다음 중 정보보안의 필요성에 대한 설명으로 잘못된 것은?

① 정보화 사회로 오면서 전자 상거래, 전자 정부 등 온라인 공간에서의 활동 증가
② 정보의 안정성과 신뢰성에 대한 중요도 증가
③ 정부, 금융, 에너지, 교통, 통신기반 및 비상 서비스의 정보 자원이 주요 정보보호 대상으로 지정
④ 정보 시스템의 환경적 취약성
⑤ 원격제어, 자동실행 등의 기술 발달

43. 다음 설명하는 정보보안의 3가지 기본 목표로 옳은 것은?

정밀성, 정확성, 완전성, 유효성의 의미로 사용되며, 데이터베이스의 정확성을 보장하는 문제를 의미한다.

① 무결성(Integrity)
② 가용성(Availability)
③ 취약성(Vulnerability)
④ 비밀성(Confidentiality)
⑤ 인증(Authentication)

44. 정보보안 정의로 옳은 것은?

① 정보보안이란 사전적의미로 인가받지 않은 노출, 전송, 수정, 파괴로부터 정보를 보호하는 것이다.

② 정보보안이란 수신자가 송신자로부터 전송된 것인지 확인할 수 있는 기술 서비스를 말한다.

③ 정식 인가된 사용자에게 적절한 방법으로 정보 서비스를 제공하기 위해 필요한 기반 기술을 말한다.

④ 정보의 소유자가 원하는 대로 정보의 비밀이 유지되어야 함을 정보보호라 한다.

⑤ 정보보안이란 모든 공개로부터의 보호로, 정당한 읽어내기도 제한된다.

45. 다음 중 로봇프로그램과 사람을 구분하는 방법의 하나로 사람이 인식할 수 있는 문자나 그림을 활용하여 자동회원 가입 및 게시글 포스팅을 방지하는데 사용하는 방법은?

① 캡차(CAPTCHA) ② 해싱

③ 인증 ④ 전자서명

⑤ 디지털서명

46. 다음 중 정보보호 관리체계(ISMS) 인증과 관련하여 정보보호 관리과정 수행 절차를 순서대로 나열한 것으로 옳은 것은?

① 관리체계 범위 설정 – 위험관리 – 정보보호 정책 수립 – 사후관리 – 구현

② 관리체계 범위 설정 – 사후관리 – 정보보호 정책 수립 – 위험관리 – 구현

③ 관리체계 범위 설정 – 구현 – 위험관리 – 정보보호 정책 수립 – 사후관리

④ 정보보호 정책 수립 – 관리체계 범위 설정 – 위험관리 – 구현 – 사후관리

⑤ 정보보호 정책 수립 – 관리체계 범위 설정 – 구현 – 위험관리 – 사후관리

47. 다음 중 「국민연금법」에서 규정하고 있는 급여가 아닌 것은?

① 노령연금 ② 장애연금

③ 휴직연금 ④ 유족연금

⑤ 반환일시금

48. 우리나라 노인장기요양보험법령에 대한 내용으로 옳은 것은?

① 장기요양급여는 의료서비스와 연계하여 제공하기가 용이한 시설급여를 재가급여보다 우선적으로 제공하여야 한다.

② 장기요양등급은 장기요양등급판정위원회에서 판정하고, 세밀한 판정을 위해 7개 등급의 체계로 운용한다.

③ 「노인장기요양보험법」은 고령이나 노인성 질병 등의 사유로 일상생활을 혼자서 수행하기 어려운 노인등에게 제공하는 신체활동 또는 가사활동 지원 등의 장기요양급여에 관한 사항을 규정하고 있다.

④ 노인장기요양보험의 관리운영기관은 노후생활과 밀접히 연관이 되어 있는 국민연금공단이다.

⑤ 장기요양보험료는 건강보험료와 분리하여 징수한다.

49. 각종 연금에 대한 설명으로 옳지 않은 것은?

① 농지연금은 신청일 기준으로부터 과거 5년 이상 영농경력 조건을 갖추어야 한다.

② 주택연금은 부부 중 한 명이 만 60세 이상으로 대한민국 국민이면 신청가능하다.

③ 기초노령연금은 만 65세 이상 전체 노인 중 소득과 재산이 적은 70%의 어르신에게 지급한다.

④ 유족연금은 가입기간에 따라 일정률(40~60%)의 기본연금액에 부양가족연금액을 합산하여 지급한다.

⑤ 국민연금 가입자 중 만 60세 이상으로 국민연금보험료 납입개월 수가 120개월 미만인 자가 임의계속가입을 희망하지 않을 경우 반환일시금을 지급한다.

50. 다음 중 공공부조와 관계있는 것을 모두 고르면?

㉠ 최저생계비 ㉡ 최저임금제 ㉢ 국민기초생활보장제도 ㉣ 고용보험

① ㉠㉡

② ㉠㉢

③ ㉡㉢

④ ㉡㉣

⑤ ㉢㉣

서 원 각
www.goseowon.com